# カタカナ 가타카나

| 행<br>단 | ア행 | カ행 | サ행 | タ행 | ナ행 | |
|---|---|---|---|---|---|---|
| ア단 | **ア**<br>a 아<br>アイロン 다리미 | **カ**<br>ka 카<br>カー 자동차 | **サ**<br>sa 사<br>サンドイッチ<br>샌드위치 | **タ**<br>ta 타<br>タンバリン 탬버린 | **ナ**<br>na 나<br>ナイフ 나이프 | ハ— |
| イ단 | **イ**<br>i 이<br>イルカ 돌고래 | **キ**<br>ki 키<br>キャベツ 양배추 | **シ**<br>shi 시<br>シーディー CD | **チ**<br>chi 치<br>チーズ 치즈 | **ニ**<br>ni 니<br>ニュース 뉴스 | |
| ウ단 | **ウ**<br>u 우<br>オランウータン<br>오랑우탄 | **ク**<br>ku 쿠<br>クレヨン 크레용 | **ス**<br>su 스<br>スリッパ 슬리퍼 | **ツ**<br>tsu 츠<br>ツリー 트리 | **ヌ**<br>nu 누<br>カヌー 카누 | |
| エ단 | **エ**<br>e 에<br>エプロン 앞치마 | **ケ**<br>ke 케<br>ケーキ 케이크 | **セ**<br>se 세<br>セーター 스웨터 | **テ**<br>te 테<br>テレビ 텔레비전 | **ネ**<br>ne 네<br>ネクタイ 넥타이 | |
| オ단 | **オ**<br>o 오<br>オレンジ 오렌지 | **コ**<br>ko 코<br>コアラ 코알라 | **ソ**<br>so 소<br>ソーセージ 소시지 | **ト**<br>to 토<br>トマト 토마토 | **ノ**<br>no 노<br>ノート 노트 | ホ |

| ハ행 | マ행 | ヤ행 | ラ행 | ワ행 | ン |
|---|---|---|---|---|---|
| **ハ** ha 하 モニカ 하모니카 | **マ** ma 마 マッチ 성냥 | **ヤ** ya 야 キャッチャー 포수 | **ラ** ra 라 ラケット 라켓 | **ワ** wa 와 ワイシャツ 와이셔츠 | **ン** n 응 パンダ 판다 |
| **ヒ** hi 히 ーター 히터 | **ミ** mi 미 ミルク 우유 | | **リ** ri 리 リボン 리본 | | |
| **フ** fu 후 ォーク 포크 | **ム** mu 무 アイスクリーム 아이스크림 | **ユ** yu 유 ユニホーム 유니폼 | **ル** ru 루 キャラメル 캐러멜 | | |
| **ヘ** he 헤 ヘリコプター 헬리콥터 | **メ** me 메 メロン 멜론 | | **レ** re 레 レモン 레몬 | | |
| **ホ** ho 호 チキス 호치키스 | **モ** mo 모 モノレール 모노레일 | **ヨ** yo 요 ヨーグルト 요구르트 | **ロ** ro 로 ロープウェー 로프웨이 | **ヲ** wo 오 | |

나혼자 끝내는
독학 **일본어**
**첫걸음**

**나혼자 끝내는 독학 일본어 첫걸음** 최신 증보판

지은이 넥서스콘텐츠개발팀
펴낸이 임상진
펴낸곳 (주)넥서스

초판　1쇄 발행 2016년 6월 27일
초판 78쇄 발행 2022년 2월 20일

2판　1쇄 발행 2023년　1월　3일
2판 38쇄 발행 2024년 11월 22일

출판신고 1992년 4월 3일 제311-2002-2호
주소 10880 경기도 파주시 지목로 5
전화 (02)330-5500 팩스 (02)330-5555

ISBN 979-11-6683-304-5 13730

www.nexusbook.com

# 나혼자 끝내는
# 독학 일본어
# 첫걸음

넥서스콘텐츠개발팀 지음

넥서스 JAPANESE

## 나혼자 일본어 공부법

**1** 먼저 동영상 강의를 들어 보세요.

» ① QR코드·넥서스 학습실
② 유튜브
③ 팟빵
④ 네이버 TV

잘 들어보세요~

일본어와 한국어 해석이 같이 녹음되어 있어요.

**2** 문장을 통해 주요 표현과 기초 문법을 공부합니다. MP3를 들으며 단어도 같이 외워 주세요. 공부한 내용을 바로 확인할 수 있는 간단한 연습문제가 있습니다.

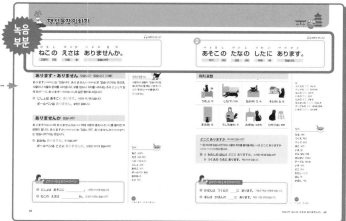

**3** 주요 문형에 단어를 바꿔 넣어 회화 연습을 해 보세요. 처음에는 듣기 MP3를 들어 보고, 두 번째는 회화 훈련 MP3를 들으면서 따라 말해 보세요.

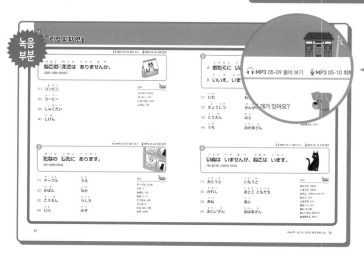

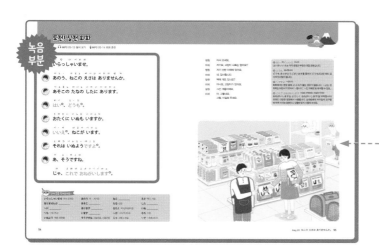

**4** 실전 회화는 '핵심 문장 익히기'에서 배운 문장들로 구성되어 있습니다. 해석이 잘 안 되는 부분이 있다면, 해당 페이지로 돌아가 복습하세요. 마찬가지로 듣기 MP3를 들은 후 회화 훈련 MP3를 들으면서 따라 말해 보세요.

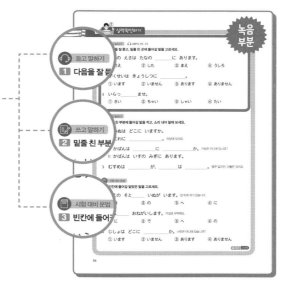

**5** 연습문제를 풀면서 실력을 확인해 보세요. '듣고 말하기', '쓰고 말하기', '시험 대비 문법' 문제로 구성되어 있습니다.

**6** 복습용 동영상을 보면서 '핵심문장 익히기'와 '리얼 회화 연습'의 내용을 확실하게 익힙시다.
» ① QR코드·넥서스 학습실
② 유튜브
③ 팟빵

**7** 단어 암기는 외국어 학습의 기본입니다. 단어 암기 동영상을 틈틈이 반복해서 보면 단어를 보다 쉽게 외울 수 있습니다.
» ① QR코드·넥서스 학습실
② 유튜브
③ 팟빵

# 〈나혼자 끝내는 독학 일본어 첫걸음〉은?

〈나혼자 끝내는 독학 일본어 첫걸음〉은 혼자서 일본어를 공부하는 분들을 위해 개발된 독학자 맞춤형 교재입니다. 학원에 다니지 않아도, 단어장이나 다른 참고서를 사지 않아도 이 책 한 권만으로 충분히 일본어 기초 과정을 마스터할 수 있도록 구성되어 있습니다. 본책과 함께 부록으로 쓰기 노트와 미니북, 그리고 JLPT N5 모의고사가 포함되어 있으며, 혼자 공부하는 학습자들을 위해 총 15가지 독학용 학습자료를 무료로 제공합니다.

| | | |
|---|---|---|
| **쓰기 노트**<br>가나 + 한자 | | 일본어 가나(히라가나 & 가타카나)와 책에 나오는 필수 기초 한자를 쓰면서 외울 수 있습니다. |
| 미니북<br>**도우미 단어장** | | Day별 주요 단어와 표현을 정리해 놓았습니다. 단어 암기는 외국어 학습의 기본입니다. 들고 다니면서 틈틈이 단어를 암기합시다. |
| 미니북<br>**왕초보 그림 단어장** | | 책에 나온 단어 외에 일상생활에서 자주 쓰이는 단어들을 테마별로 정리했습니다. 그림과 함께 제시하여 쉽게 외울 수 있습니다. |
| 미니북<br>**일본 여행 필수 표현** | | 일본 여행에 꼭 필요한 단어와 문장들을 상황별로 정리했습니다. 여행 중 자주 들리고 사용할 수 있는 표현들을 익힐 수 있습니다. 일본의 화폐도 살펴보세요. |
| **히라가나 & 가타카나<br>오십음도 브로마이드** | | 일본어 가나(히라가나 & 가타카나)를 눈으로도 잘 익힐 수 있도록 그림과 함께 오십음도 표로 정리했습니다. 벽에 붙이거나 들고 다니면서 틈틈이 암기할 수 있습니다. |
| 별책<br>**JLPT N5 모의고사<br>1회분** | | 일본어 기초 과정을 마치고 JLPT N5에 도전해 볼 수 있도록 모의고사 1회분을 수록했습니다. OMR 답안지도 포함되어 있으며, 모의고사 해석과 청해 음원(MP3) 및 스크립트는 넥서스 홈페이지에서 다운로드 가능합니다. |
| 별책<br>**JLPT N5 기출어휘<br>100** | | JLPT N5에 자주 등장하는 어휘 100개를 정리했습니다. 본격적인 시험 준비 전에 미리 암기해 두면 도움이 됩니다. |
| **중간점검 & 최종확인<br>복습문제**<br>Day 13, 20 | | 이 책은 20일에 일본어 기초 과정을 마스터할 수 있도록 구성되어 있습니다. Day 13과 Day 20에서는 연습문제를 풀면서 실력을 확인하고, 부족한 부분을 다시 복습하세요. |
| **듣기 MP3** | | 일본인 선생님의 정확한 발음을 들어 보세요. 한국어 뜻도 같이 녹음되어 있어 MP3만 들어도 듣기 공부가 됩니다. |
| **회화 훈련 MP3** | | 각 Day의 06, 08, 10, 12, 14번 MP3는 회화 훈련 MP3입니다. 일본어 음성을 듣고 따라 말하는 연습을 해 보세요. 2초 후에 한국어 뜻을 확인할 수 있습니다. |
| **동영상 강의** | | 강의 경력 15년 이상의 베테랑 강사 선생님이 왕초보 학습자들이 헷갈리는 부분을 콕콕 집어 알려줍니다. |
| **문자 특훈 동영상** | | 히라가나와 가타카나를 정확하게 쓰는 법을 알려줍니다. |
| **복습용 동영상** | | '핵심 문장 익히기'와 '리얼 회화 연습'의 내용을 복습할 수 있습니다. |
| **단어 암기 동영상** | | 깜빡이 학습법으로 단어를 자동 암기할 수 있도록 도와줍니다. |
| **JLPT N5 해설강의** | | 일본어 왕초보도 JLPT 합격의 길로 인도해 주는 JLPT 전문 강사 선생님이 JLPT N5 모의고사 1회분을 해설해 줍니다. 쉽고 확실한 문제 풀이 방법을 익혀 봅시다. |

온라인 무료 제공

# MP3&무료 동영상 보는 법

## 방법 1
스마트폰에 QR코드 리더를 설치하여 책 속의 QR코드를 인식한다.

## 방법 2
nexusbook.com에서 도서명으로 검색한 다음
MP3/부가자료 영역에서 다운받기를 클릭한다.

★★★ 스마트폰에서도 바로 볼 수 있어요.

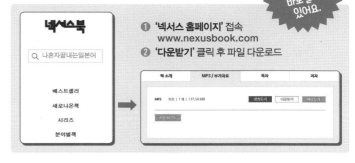

❶ '넥서스 홈페이지' 접속
www.nexusbook.com
❷ '다운받기' 클릭 후 파일 다운로드

## 방법 3
**유튜브**에서
〈나혼자 끝내는 일본어〉 검색

## 방법 4
**팟빵**에서
〈나혼자 끝내는 일본어〉 검색

## 방법 5
**네이버 TV**에서
〈나혼자 끝내는 일본어〉 검색

## 방법 6
**네이버 오디오클립**에서
〈나혼자 끝내는 일본어〉 검색

# JLPT N5 해설강의 보는 법
스마트폰으로 별책 속의 QR코드를 인식하면
친절한 해설강의를 바로 볼 수 있습니다.

 ❶ 언어지식
(문자·어휘)

 ❷ 언어지식
(문법)·독해

  ❸ 청해

# 20일 완성 학습 플래너

동영상 강의 ▶️ | MP3 🎧 | 쓰기 노트 ✍️ | 미니북 📖

| | 동영상 강의 | 본책 🎧 mp3와 함께 들어 보세요 | 쓰기 노트 | 미니북 | 복습 |
|---|---|---|---|---|---|
| Day 01 | ▶️ | 청음 ➡ 탁음 반탁음 ➡ 요음 ➡ 촉음 장음 발음 <br> 13~24쪽 | ✍️ 1~20쪽 | | 문자 특훈 동영상 |
| Day 02 | ▶️ | 청음 ➡ 탁음 반탁음 ➡ 요음 <br> 25~30쪽 | ✍️ 21~40쪽 | | 문자 특훈 동영상 |
| Day 03 | ▶️ | 인사표현 익히기 <br> 31~36쪽 | | | 복습용 동영상 |
| Day 04 | ▶️ | 문장 익히기 ➡ 회화 연습 ➡ 실전 회화 ➡ 실력 확인 <br> 37~46쪽 | ✍️ 42쪽 | 📖 2~3쪽 | 복습용 동영상 / 단어암기 동영상 |
| Day 05 | ▶️ | 문장 익히기 ➡ 회화 연습 ➡ 실전 회화 ➡ 실력 확인 <br> 47~56쪽 | ✍️ 43쪽 | 📖 4~5쪽 | 복습용 동영상 / 단어암기 동영상 |
| Day 06 | ▶️ | 문장 익히기 ➡ 회화 연습 ➡ 실전 회화 ➡ 실력 확인 <br> 57~66쪽 | ✍️ 44쪽 | 📖 6~7쪽 | 복습용 동영상 / 단어암기 동영상 |
| Day 07 | ▶️ | 문장 익히기 ➡ 회화 연습 ➡ 실전 회화 ➡ 실력 확인 <br> 67~76쪽 | ✍️ 45쪽 | 📖 8~9쪽 | 복습용 동영상 / 단어암기 동영상 |
| Day 08 | ▶️ | 문장 익히기 ➡ 회화 연습 ➡ 실전 회화 ➡ 실력 확인 <br> 77~86쪽 | ✍️ 46쪽 | 📖 10~11쪽 | 복습용 동영상 / 단어암기 동영상 |
| Day 09 | ▶️ | 문장 익히기 ➡ 회화 연습 ➡ 실전 회화 ➡ 실력 확인 <br> 87~96쪽 | ✍️ 47쪽 | 📖 12~13쪽 | 복습용 동영상 / 단어암기 동영상 |
| Day 10 | ▶️ | 문장 익히기 ➡ 회화 연습 ➡ 실전 회화 ➡ 실력 확인 <br> 97~106쪽 | ✍️ 48쪽 | 📖 14~15쪽 | 복습용 동영상 / 단어암기 동영상 |

★ 20일 학습을 마친 후 일본어능력시험(JLPT) N5 모의고사에 도전해 보세요!

| | 동영상 강의 | 본책<br>🎧 mp3와 함께 들어 보세요 | 쓰기 노트 | 미니북 | 복습 |
|---|---|---|---|---|---|
| Day 11 | ▶ | 문장 익히기 ➡ 회화 연습 ➡ 실전 회화 ➡ 실력 확인<br>107~116쪽 | 49쪽 | 16~17쪽 | 복습용 동영상 / 단어암기 동영상 |
| Day 12 | ▶ | 문장 익히기 ➡ 회화 연습 ➡ 실전 회화 ➡ 실력 확인<br>117~126쪽 | 50쪽 | 18~19쪽 | 복습용 동영상 / 단어암기 동영상 |
| Day 13 | | 중간 점검 복습문제<br>127~130쪽 | | | |
| Day 14 | ▶ | 문장 익히기 ➡ 회화 연습 ➡ 실전 회화 ➡ 실력 확인<br>131~140쪽 | 51쪽 | 20~21쪽 | 복습용 동영상 / 단어암기 동영상 |
| Day 15 | ▶ | 문장 익히기 ➡ 회화 연습 ➡ 실전 회화 ➡ 실력 확인<br>141~150쪽 | 52쪽 | 22~23쪽 | 복습용 동영상 / 단어암기 동영상 |
| Day 16 | ▶ | 문장 익히기 ➡ 회화 연습 ➡ 실전 회화 ➡ 실력 확인<br>151~160쪽 | 53쪽 | 24~25쪽 | 복습용 동영상 / 단어암기 동영상 |
| Day 17 | ▶ | 문장 익히기 ➡ 회화 연습 ➡ 실전 회화 ➡ 실력 확인<br>161~170쪽 | 54쪽 | 26~27쪽 | 복습용 동영상 / 단어암기 동영상 |
| Day 18 | ▶ | 문장 익히기 ➡ 회화 연습 ➡ 실전 회화 ➡ 실력 확인<br>171~180쪽 | 55쪽 | 28~29쪽 | 복습용 동영상 / 단어암기 동영상 |
| Day 19 | ▶ | 문장 익히기 ➡ 회화 연습 ➡ 실전 회화 ➡ 실력 확인<br>181~190쪽 | 56쪽 | 30~31쪽 | 복습용 동영상 / 단어암기 동영상 |
| Day 20 | | 최종 확인 복습문제<br>191~194쪽 | | | |

 **목차**

- 나혼자 일본어 공부법 _4
- 〈나혼자 끝내는 독학 일본어 첫걸음〉은? _6
- MP3 & 무료 동영상 보는 법 _7
- 20일 완성 학습 플래너 _8

| Day 01 | 히라가나 외우기 | 13 |
|---|---|---|
| | ☐ 청음 / 탁음, 반탁음 / 요음 / 촉음 / 장음 / 발음 | |

| Day 02 | 가타카나 외우기 | 25 |
|---|---|---|
| | ☐ 청음 / 탁음, 반탁음 / 요음 | |

| Day 03 | 인사 표현 익히기 | 31 |
|---|---|---|
| | ☐ 만났을 때 / 헤어질 때 / 사과할 때 / 축하·감사할 때 / 식사할 때 / 외출·귀가했을 때 / 안부를 물어볼 때 / 퇴근할 때 | |

| Day 04 | わたしは パク・ミエです。 저는 박미애입니다. | 37 |
|---|---|---|
| | ☐ 지시대명사 これ・それ・あれ・どれ <br> ☐ ～は ～です | ☐ 지시대명사로 묻고 답하기 <br> ☐ の의 쓰임 |

| Day 05 | ねこの えさは ありませんか。 고양이 사료는 없습니까? | 47 |
|---|---|---|
| | ☐ あります・ありません [사물] <br> ☐ どこに ありますか | ☐ います・いません [사람, 생물] <br> ☐ 위치 표현 |

| Day 06 | ぼくの ゆめは サッカー せんしゅでした。 제 꿈은 축구 선수였습니다. | 57 |
|---|---|---|
| | ☐ 명사+ですか <br> ☐ 명사+でした <br> ☐ 때를 나타내는 표현 (1) | ☐ 명사+では ありません <br> ☐ 명사+では ありませんでした |

**Day 07** **かばん うりばは 4かいです。** 가방 매장은 4층입니다. 67

☐ 숫자 읽기 : 1~10 / 10단위 / 100단위 ☐ 시간 말하기

**Day 08** **誕生日は 4月24日です。** 생일은 4월 24일입니다. 77

☐ 날짜 말하기 ☐ 나이 말하기
☐ 전화번호 말하기 ☐ 명사+で ~이고
☐ 때를 나타내는 표현 (2)

**Day 09** **あまり おいしく ありません。** 별로 맛이 없습니다. 87

い형용사
☐ い형용사+く ないです い형용사의 부정형 ☐ い형용사+かったです い형용사의 과거형
☐ い형용사+く なかったです い형용사의 과거 부정형 ☐ い형용사+명사 い형용사의 과거 부정형
☐ い형용사+くて い형용사의 연결

**Day 10** **あゆみさんは 料理が 上手ですね。** 아유미 씨는 요리를 잘하네요. 97

な형용사
☐ な형용사+では ないです な형용사의 부정형 ☐ な형용사+でした な형용사의 과거형
☐ な형용사+では なかったです な형용사의 과거 부정형 ☐ な형용사+명사 な형용사의 명사 수식
☐ な형용사+で な형용사의 연결 ☐ 비교 표현

**Day 11** **インターネットで ニュースを 見ます。** 인터넷으로 뉴스를 봅니다. 107

동사의 ます형
☐ 동사의 종류 ☐ 동사의 ます형+ますか 동사의 의문 표현
☐ 동사의 ます형+ません 동사의 부정 표현 ☐ 동사의 ます형+ながら

**Day 12** **夜遅くまで レポートを 書きました。** 밤늦게까지 리포트를 썼습니다. 117

☐ 동사의 ます형+ました 동사의 과거 표현
☐ 동사의 ます형+ませんでした 동사의 과거 부정 표현
☐ 동사의 ます형+ましょう / ~ましょうか / ~ませんか 권유 표현

**Day 13** **중간 점검 복습문제** 127

**Day 14** 朝ごはんを 食べてから 会社に 行きます。 아침밥을 먹고 나서 회사에 갑니다. 131

동사의 て형
☐ 동사의 て형＋てから
☐ ～て います의 쓰임
☐ 동사의 て형＋て います

**Day 15** 日本に 行こうと 思って います。 일본에 가려고 생각하고 있습니다. 141

동사의 의지형
☐ 동사의 의지형＋と 思って います
☐ 동사의 ます형＋たいです
☐ 동사의 기본형＋つもりです
☐ 동사의 て형＋て おく

**Day 16** 大きい 声で 読んで もらえますか。 큰 소리로 읽어 주시겠어요? 151

☐ 동사의 ます형＋たく ないです
☐ 동사의 て형＋て くださいますか
☐ 동사의 て형＋て ください
☐ 동사의 て형＋て もらえますか

**Day 17** 中国へ 行った ことが あります。 중국에 간 적이 있습니다. 161

동사의 가능형 / 동사의 た형
☐ 동사의 기본형＋ことが できます
☐ 동사의 た형＋ことが あります
☐ 동사의 기본형＋ために

**Day 18** 車を とめても いいですか。 차를 주차해도 됩니까? 171

☐ 동사의 て형＋ても いいですか
☐ 동사의 て형＋て しまいました
☐ 동사의 て형＋ては いけません
☐ ～かも しれません

**Day 19** 会社に 行かなければ ならないです。 회사에 가야 합니다. 181

동사의 ない형
☐ 동사의 ない형＋なければ ならない
☐ 동사의 た형＋た ばかりです
☐ 동사의 ない형＋ないで ください

**Day 20** 최종 확인 복습문제 191

・기초 문법 요점노트 _195
・정답 _212

# Day 01

# 히라가나 외우기

· 이렇게 공부하세요 ·

MP3와 강의를
들어보세요!

 동영상 강의

 MP3 듣기

 쓰기노트

 문자 특훈 동영상

# 히라가나 ひらがな

🎧 MP3 01-01

일본어는 히라가나와 가타카나, 그리고 한자로 표기합니다. 오늘날 사용되고 있는 히라가나는 총 46개 문자입니다. 일본어를 배우려면 먼저 가장 기본인 히라가나부터 외워야 합니다. MP3를 들으며 정확한 발음을 확인하고, 부록 쓰기노트에 여러 번 써 보세요.

| 행＼단 | あ단 | い단 | う단 | え단 | お단 |
|---|---|---|---|---|---|
| あ행 | あ<br>a 아 | い<br>i 이 | う<br>u 우 | え<br>e 에 | お<br>o 오 |
| か행 | か<br>ka 카 | き<br>ki 키 | く<br>ku 쿠 | け<br>ke 케 | こ<br>ko 코 |
| さ행 | さ<br>sa 사 | し<br>shi 시 | す<br>su 스 | せ<br>se 세 | そ<br>so 소 |
| た행 | た<br>ta 타 | ち<br>chi 치 | つ<br>tsu 츠 | て<br>te 테 | と<br>to 토 |
| な행 | な<br>na 나 | に<br>ni 니 | ぬ<br>nu 누 | ね<br>ne 네 | の<br>no 노 |
| は행 | は<br>ha 하 | ひ<br>hi 히 | ふ<br>fu 후 | へ<br>he 헤 | ほ<br>ho 호 |
| ま행 | ま<br>ma 마 | み<br>mi 미 | む<br>mu 무 | め<br>me 메 | も<br>mo 모 |
| や행 | や<br>ya 야 | | ゆ<br>yu 유 | | よ<br>yo 요 |
| ら행 | ら<br>ra 라 | り<br>ri 리 | る<br>ru 루 | れ<br>re 레 | ろ<br>ro 로 |
| わ행 | わ<br>wa 와 | | | | を<br>wo 오 |
| | ん<br>n 응 | | | | |

# 가타카나 *カタカナ*

히라가나를 익혔다면 그 다음엔 가타카나를 외울 차례입니다. 가타카나는 외래어나 의성어·의태어를 표기할 때 그리고 강조할 때 사용합니다. 가타카나는 히라가나만큼 많이 쓰이진 않지만, 점점 사용 빈도가 늘어나고 있습니다. 히라가나와 헷갈리지 않도록 서로 모양을 비교하며 익히는 것이 좋습니다.

| 행＼단 | ア단 | イ단 | ウ단 | エ단 | オ단 |
|---|---|---|---|---|---|
| ア행 | ア<br>a 아 | イ<br>i 이 | ウ<br>u 우 | エ<br>e 에 | オ<br>o 오 |
| カ행 | カ<br>ka 카 | キ<br>ki 키 | ク<br>ku 쿠 | ケ<br>ke 케 | コ<br>ko 코 |
| サ행 | サ<br>sa 사 | シ<br>shi 시 | ス<br>su 스 | セ<br>se 세 | ソ<br>so 소 |
| タ행 | タ<br>ta 타 | チ<br>chi 치 | ツ<br>tsu 츠 | テ<br>te 테 | ト<br>to 토 |
| ナ행 | ナ<br>na 나 | ニ<br>ni 니 | ヌ<br>nu 누 | ネ<br>ne 네 | ノ<br>no 노 |
| ハ행 | ハ<br>ha 하 | ヒ<br>hi 히 | フ<br>fu 후 | ヘ<br>he 헤 | ホ<br>ho 호 |
| マ행 | マ<br>ma 마 | ミ<br>mi 미 | ム<br>mu 무 | メ<br>me 메 | モ<br>mo 모 |
| ヤ행 | ヤ<br>ya 야 | | ユ<br>yu 유 | | ヨ<br>yo 요 |
| ラ행 | ラ<br>ra 라 | リ<br>ri 리 | ル<br>ru 루 | レ<br>re 레 | ロ<br>ro 로 |
| ワ행 | ワ<br>wa 와 | | | | ヲ<br>wo 오 |
| | ン<br>n 응 | | | | |

# 청음

청음이란 일본어에서 탁점(ﾞ)이나 반탁점(ﾟ)이 없는 기본 글자를 말합니다.

| 아 | 이 | 우 | 에 | 오 |
|---|---|---|---|---|
| あ | い | う | え | お |
| あかちゃん 아기<br>[아까짱] | いちご 딸기<br>[이찌고] | うさぎ 토끼<br>[우사기] | えんぴつ 연필<br>[엠삐쯔] | おう 왕<br>[오-] |

일본어의 기본 모음은 5개입니다. 우리말의 '아, 이, 우, 에, 오'보다 입을 약간 작게 벌리고 발음합니다. う는 우리말의 '우'에 가깝지만, 입술을 쭈욱 내밀지 말고 약간만 내밀고 발음하면 됩니다.

쓰기노트 2쪽

🎧 MP3 01-02

| 카 | 키 | 쿠 | 케 | 코 |
|---|---|---|---|---|
| か | き | く | け | こ |
| かめ 거북<br>[카메] | きんぎょ 금붕어<br>[킨교] | くり 밤<br>[쿠리] | けむり 연기<br>[케무리] | こま 팽이<br>[코마] |

단어의 맨 앞에 올 때에는 '카, 키, 쿠, 케, 코', 단어 중간에 올 때에는 '까, 끼, 꾸, 께, 꼬'에 가깝게 발음합니다.

쓰기노트 3쪽

 MP3 01-03

| 사 | 시 | 스 | 세 | 소 |
|---|---|---|---|---|
| さ | し | す | せ | そ |

| さる 원숭이 | しか 사슴 | すいか 수박 | せみ 매미 | そば 메밀국수 |
|---|---|---|---|---|
| [사루] | [시까] | [스이까] | [세미] | [소바] |

さ행은 우리말의 '사, 시, 스, 세, 소'와 비슷하게 발음합니다. し는 발음을 shi라고 표기하지만 '쉬'가 아닌 '시'처럼 발음하세요. 그리고 す도 약간 숨을 들이마시면서 발음하기 때문에 '수'보다는 '스'에 가깝게 발음됩니다.

쓰기노트 4쪽
MP3 01-04

| 타 | 치 | 츠 | 테 | 토 |
|---|---|---|---|---|
| た | ち | つ | て | と |

| たんぽぽ 민들레 | ちょう 나비 | つばめ 제비 | てぶくろ 장갑 | とうだい 등대 |
|---|---|---|---|---|
| [탐뽀뽀] | [쵸-] | [츠바메] | [테부꾸로] | [토-다이] |

단어의 맨 앞에 올 때에는 '타, 치, 츠, 테, 토', 단어 중간에 올 때에는 '따, 찌, 쯔, 떼, 또'에 가깝게 발음합니다. た행에서는 ち와 つ의 발음에 주의해야 합니다. 특히 つ는 우리말에 없는 발음이라 틀리기 쉬운데, 혀끝을 앞니에 살짝 댔다가 떼면서 발음하면 됩니다.

쓰기노트 5쪽
MP3 01-05

| 나 | 니 | 누 | 네 | 노 |
|---|---|---|---|---|
| な | に | ぬ | ね | の |
| なす 가지 | にわとり 닭 | ぬいぐるみ 봉제인형 | ねこ 고양이 | のこぎり 톱 |
| [나스] | [니와또리] | [누이구루미] | [네꼬] | [노꼬기리] |

な행은 우리말의 '나, 니, 누, 네, 노'처럼 발음합니다. ぬ는 ま행의 め[메]와 헷갈리지 않도록 주의하세요. ね 역시 ら행의 れ[레]와 헷갈리기 쉬우니 주의하셔야 합니다.

📖 쓰기노트 6쪽
🎧 MP3 01-06

| 하 | 히 | 후 | 헤 | 호 |
|---|---|---|---|---|
| は | ひ | ふ | へ | ほ |
| はさみ 가위 | ひよこ 병아리 | ふうせん 풍선 | へび 뱀 | ほん 책 |
| [하사미] | [히요꼬] | [후-센] | [헤비] | [홍] |

は행은 우리말의 '하, 히, 후, 헤, 호'보다 좀 더 세게 하여 바람이 픽픽 새는 듯한 느낌으로 발음하는 것이 좋습니다. ふ는 fu라고 표기하지만, 우리말의 '후'에 가까운 발음입니다.

📖 쓰기노트 7쪽
🎧 MP3 01-07

| 마 | 미 | 무 | 메 | 모 |
|---|---|---|---|---|
| ま | み | む | め | も |
| まじょ 마녀 | みかん 귤 | むし 벌레 | めがね 안경 | もみじ 단풍 |
| [마죠] | [미깡] | [무시] | [메가네] | [모미지] |

ま행은 우리말의 '마, 미, 무, 메, 모'와 같이 발음합니다. め는 な행의 ぬ[누]와 헷갈리지 않도록 주의하세요. む는 쓰는 법이 까다로우므로 획순에 주의하여 써야 합니다.

📖 쓰기노트 8쪽
🎧 MP3 01-08

| 야 | |
| --- | --- |
| **や** | |

やかん 주전자
[야깡]

| 유 | |
| --- | --- |
| **ゆ** | |

ゆり 백합
[유리]

| 요 | |
| --- | --- |
| **よ** | |

ようせい 요정
[요-세-]

や, ゆ, よ는 반모음 또는 이중 모음이라고 합니다. 발음은 우리말의 '야, 유, 요'와 비슷하게 합니다.

쓰기노트 9쪽
MP3 01-09

| 라 | 리 | 루 | 레 | 로 |
| --- | --- | --- | --- | --- |
| **ら** | **り** | **る** | **れ** | **ろ** |

らっぱ 나팔
[랍빠]

りす 다람쥐
[리스]

るすばん 빈집을 지킴
[루스방]

れいぞうこ 냉장고
[레-조-꼬]

ろうそく 양초
[로-소꾸]

ら행은 우리말의 '라, 리, 루, 레, 로'처럼 발음합니다. れ는 な행의 ね[네] 그리고 바로 뒤에 배울 わ [와]와 헷갈리지 않도록 주의하세요.

쓰기노트 10쪽
MP3 01-10

| 와 | 오 |
| --- | --- |
| **わ** | **を** |

わし 독수리
[와시]

てをあらう 손을 씻다
[테오 아라우]

| 응 | |
| --- | --- |
| **ん** | |

にんじん 당근
[닌징]

わ도 や, ゆ, よ와 마찬가지로 반모음 또는 이중 모음이라고 합니다. わ는 ね[네], れ[레]와 헷갈리지 않도록 주의하세요. を는 あ행의 お[오]와 발음은 같으나 조사로만 사용됩니다. ん은 우리말의 'ㄴ, ㅁ, ㅇ' 중 하나로 발음됩니다.

쓰기노트 11쪽
MP3 01-11

# 탁음·반탁음

탁음은 か행·さ행·た행·は행의 문자 오른쪽 윗부분에 ゛를 붙여 표기하고,
반탁음은 は행의 문자 오른쪽 윗부분에 ゜를 붙여 표기합니다.

**탁음**

| 가 | 기 | 구 | 게 | 고 |
|---|---|---|---|---|
| が | ぎ | ぐ | げ | ご |
| てがみ 편지 | かぎ 열쇠 | ぐあい 형편, 상태 | げんき 기운, 힘 | ごみ 쓰레기 |
| [테가미] | [카기] | [구아이] | [겡끼] | [고미] |

| 자 | 지 | 즈 | 제 | 조 |
|---|---|---|---|---|
| ざ | じ | ず | ぜ | ぞ |
| ひざ 무릎 | あじ 맛 | みず 물 | かぜ 바람 | かぞく 가족 |
| [히자] | [아지] | [미즈] | [카제] | [카조꾸] |

| 다 | 지 | 즈 | 데 | 도 |
|---|---|---|---|---|
| だ | ぢ | づ | で | ど |
| くだもの 과일 | はなぢ 코피 | こづかい 용돈 | そで 소매 | まど 창문 |
| [쿠다모노] | [하나지] | [코즈까이] | [소데] | [마도] |

| 바 | 비 | 부 | 베 | 보 |
|---|---|---|---|---|
| ば | び | ぶ | べ | ぼ |
| ばか 바보 | へび 뱀 | ぶた 돼지 | かべ 벽 | つぼ 항아리 |
| [바까] | [헤비] | [부따] | [카베] | [츠보] |

**반탁음**

| 파 | 피 | 푸 | 페 | 포 |
|---|---|---|---|---|
| ぱ | ぴ | ぷ | ぺ | ぽ |
| かんぱい 건배 | ぴかぴか 반짝반짝 | きっぷ 표 | ぺらぺら 술술 말하는 모양 | さんぽ 산책 |
| [캄빠이] | [삐까삐까] | [킵뿌] | [뻬라뻬라] | [삼뽀] |

요음

요음은 자음의 い단인 き・し・ち・に・ひ・み・り・ぎ・じ・び・ぴ 옆에 や・ゆ・よ를 작게 써서 표기합니다. 두 글자를 합한 것이지만, 한 음절로 발음해야 합니다. 즉, 작은 글자로 표기한 ゃ・ゅ・ょ는 우리말의 'ㅑ, ㅠ, ㅛ'와 같은 역할을 합니다.

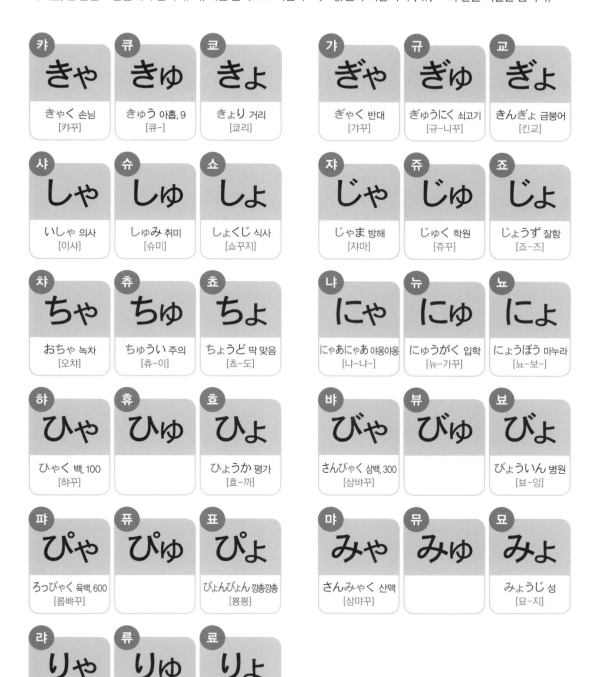

| 캬 **きゃ** | 큐 **きゅ** | 쿄 **きょ** | | 갸 **ぎゃ** | 규 **ぎゅ** | 교 **ぎょ** |
|---|---|---|---|---|---|---|
| きゃく 손님 [캬꾸] | きゅう 아홉, 9 [큐-] | きょり 거리 [쿄리] | | ぎゃく 반대 [갸꾸] | ぎゅうにく 쇠고기 [규-니꾸] | きんぎょ 금붕어 [킨교] |

| 샤 **しゃ** | 슈 **しゅ** | 쇼 **しょ** | | 쟈 **じゃ** | 쥬 **じゅ** | 죠 **じょ** |
|---|---|---|---|---|---|---|
| いしゃ 의사 [이샤] | しゅみ 취미 [슈미] | しょくじ 식사 [쇼꾸지] | | じゃま 방해 [쟈마] | じゅく 학원 [쥬꾸] | じょうず 잘함 [죠-즈] |

| 챠 **ちゃ** | 츄 **ちゅ** | 쵸 **ちょ** | | 냐 **にゃ** | 뉴 **にゅ** | 뇨 **にょ** |
|---|---|---|---|---|---|---|
| おちゃ 녹차 [오챠] | ちゅうい 주의 [츄-이] | ちょうど 딱 맞음 [쵸-도] | | にゃあにゃあ 야옹야옹 [냐-냐-] | にゅうがく 입학 [뉴-가꾸] | にょうぼう 마누라 [뇨-보-] |

| 햐 **ひゃ** | 휴 **ひゅ** | 효 **ひょ** | | 뱌 **びゃ** | 뷰 **びゅ** | 뵤 **びょ** |
|---|---|---|---|---|---|---|
| ひゃく 백, 100 [햐꾸] | | ひょうか 평가 [효-까] | | さんびゃく 삼백, 300 [삼뱌꾸] | | びょういん 병원 [뵤-잉] |

| 퍄 **ぴゃ** | 퓨 **ぴゅ** | 표 **ぴょ** | | 먀 **みゃ** | 뮤 **みゅ** | 묘 **みょ** |
|---|---|---|---|---|---|---|
| ろっぴゃく 육백, 600 [롭뺘꾸] | | ぴょんぴょん 깡총깡총 [뽕뽕] | | さんみゃく 산맥 [삼먀꾸] | | みょうじ 성 [묘-지] |

| 랴 **りゃ** | 류 **りゅ** | 료 **りょ** |
|---|---|---|
| しょうりゃく 생략 [쇼-랴꾸] | りゅうがく 유학 [류-가꾸] | りょこう 여행 [료꼬-] |

그[츠]를 っ 처럼 작게 표기한 것이 촉음입니다.
우리말의 받침 역할을 하는데, 뒤에 오는 자음의 종류에 따라 4가지로 발음됩니다.

**1** **か행** 앞에서 – '**ㄱ**' 받침으로 발음

いっき [익끼] 단숨　　　　がっこう [각꼬-] 학교

**2** **さ행** 앞에서 – '**ㅅ**' 받침으로 발음

いっさい [잇사이] 한 살(1세)　　　　さっそく [삿소꾸] 즉시

**3** **た행** 앞에서 – '**ㄷ**' 받침으로 발음

きって [킫떼] 우표　　　　おっと [옫또] 남편

**4** **ぱ행** 앞에서 – '**ㅂ**' 받침으로 발음

いっぱい [입빠이] 가득　　　　しっぽ [십뽀] 꼬리

# 장음

🎧 MP3 01-15

일본어에서는 장음인지 단음인지에 따라서 단어의 뜻이 달라지므로 특히 주의해야 합니다.
장음을 발음할 때는 음절을 끊어서 따로따로 발음하지 않고 한 음처럼 길게 소리냅니다.

**1** **あ단 뒤에 あ가 올 때**

おかあさん [오까-상] 어머니　　　　　おばあさん [오바-상] 할머니

**2** **い단 뒤에 い가 올 때**

おにいさん [오니-상] 오빠, 형　　　　おじいさん [오지-상] 할아버지

**3** **う단 뒤에 う가 올 때**

すうがく [스-가꾸] 수학　　　　　　ゆうがた [유-가따] 저녁

**4** **え단 뒤에 え 또는 い가 올 때**

おねえさん [오네-상] 언니, 누나　　　とけい [토께-] 시계

**5** **お단 뒤에 お 또는 う가 올 때**

おおい [오-이] 많다　　　　　　　おとうさん [오또-상] 아버지

**6** **요음 뒤에 う가 올 때**

きょうかい [쿄-까이] 교회　　　　　ちゅうおう [츄-오-] 중앙

🚩 **TIP**

> 가타카나의 장음은 '－'로 표기합니다.
> **アパート** [아파-또] 아파트　　　　　**コーヒー** [코-히-] 커피

발음 ん은 우리말의 받침과 같은 역할을 합니다.
ん 뒤에 오는 글자에 따라서 'ㅁ, ㄴ, ㅇ' 그리고 콧소리로 발음됩니다.

**1** ま, ば, ぱ행 앞에서 'ㅁ'

さん**ま** [삼마] 꽁치　　　しん**ぶ**ん [심붕] 신문　　　しん**ぱ**い [심빠이] 걱정

**2** さ, ざ, た, だ, な, ら행 앞에서 'ㄴ'

しん**せ**つ [신세쯔] 친절　　か**ん**じ [칸지] 한자　　　う**ん**てん [운뗑] 운전
も**ん**だい [몬다이] 문제　　ど**ん**な [돈나] 어떠한, 어떤　　べ**ん**り [벤리] 편리

**3** か, が행 앞에서 'ㅇ'

て**ん**き [텡끼] 날씨　　　お**ん**がく [옹가꾸] 음악

**4** あ, は, や, わ행 앞 또는 ん으로 끝날 때 '콧소리'

れん**あ**い [렝아이] 연애　　　よん**ひ**ゃく [용햐꾸] 사백, 400
ほん**や** [홍야] 책방　　　　で**ん**わ [뎅와] 전화
あかちゃ**ん** [아까쨩] 아기

24

# 가타카나 외우기

그냥 히라가나만 외우면 안 돼요?

걱정 마요~ 히라가나 알면 가타카나는 쉬워요

MP3와 강의를 들어보세요!

· 이렇게 공부하세요 ·

 동영상 강의
☐ ☐ ☐

 MP3 듣기
☐ ☐ ☐

 쓰기 노트
☐ ☐ ☐

 문자 특훈 동영상
☐ ☐ ☐

# 청음

가타카나는 외래어나 의성어·의태어를 표기할 때 그리고 강조할 때 사용합니다.
히라가나와 헷갈리지 않도록 서로 모양을 비교하며 익히는 것이 좋습니다.

| 아 ア あ | 이 イ い | 우 ウ う | 에 エ え | 오 オ お |
|---|---|---|---|---|
| アイロン 다리미 [아이롱] | イルカ 돌고래 [이루까] | オランウータン 오랑우탄 [오랑우-탕] | エプロン 앞치마 [에뿌롱] | オレンジ 오렌지 [오렌지] |

쓰기노트 22쪽　MP3 02-01

| 카 カ か | 키 キ き | 쿠 ク く | 케 ケ け | 코 コ こ |
|---|---|---|---|---|
| カー 자동차 [카-] | キャベツ 양배추 [캬베쯔] | クレヨン 크레용 [쿠레용] | ケーキ 케이크 [케-끼] | コアラ 코알라 [코아라] |

쓰기노트 23쪽　MP3 02-02

| 사 サ さ | 시 シ し | 스 ス す | 세 セ せ | 소 ソ そ |
|---|---|---|---|---|
| サンドイッチ 샌드위치 [산도잇찌] | シーディー CD [시-디-] | スリッパ 슬리퍼 [스립빠] | セーター 스웨터 [세-따-] | ソーセージ 소시지 [소-세-지] |

쓰기노트 24쪽　MP3 02-03

| タ 타<br>た | チ 치<br>ち | ツ 츠<br>つ | テ 테<br>て | ト 토<br>と |
|---|---|---|---|---|
| タンバリン 탬버린<br>[탐바린] | チーズ 치즈<br>[치-즈] | ツリー 트리<br>[츠리-] | テレビ 텔레비전<br>[테레비] | トマト 토마토<br>[토마또] |

✍ 쓰기노트 25쪽　🎧 MP3 02-04

| ナ 나<br>な | ニ 니<br>に | ヌ 누<br>ぬ | ネ 네<br>ね | ノ 노<br>の |
|---|---|---|---|---|
| ナイフ 나이프<br>[나이후] | ニュース 뉴스<br>[뉴-스] | カヌー 카누<br>[카누-] | ネクタイ 넥타이<br>[네꾸따이] | ノート 노트<br>[노-또] |

✍ 쓰기노트 26쪽　🎧 MP3 02-05

| ハ 하<br>は | ヒ 히<br>ひ | フ 후<br>ふ | ヘ 헤<br>へ | ホ 호<br>ほ |
|---|---|---|---|---|
| ハーモニカ 하모니카<br>[하-모니까] | ヒーター 히터<br>[히-따-] | フォーク 포크<br>[호-꾸] | ヘリコプター 헬리콥터<br>[헤리꼬뿌따-] | ホチキス 호치키스<br>[호찌끼스] |

✍ 쓰기노트 27쪽　🎧 MP3 02-06

| 마 | 미 | 무 | 메 | 모 |
|---|---|---|---|---|
| **マ** ま | **ミ** み | **ム** む | **メ** め | **モ** も |
|  |  |  |  |  |
| マッチ 성냥 | ミルク 우유 | アイスクリーム 아이스크림 | メロン 멜론 | モノレール 모노레일 |
| [맛찌] | [미루꾸] | [아이스꾸리-무] | [메론] | [모노레-루] |

쓰기노트 28쪽　　MP3 02-07

| 야 | 유 | 요 |
|---|---|---|
| **ヤ** や | **ユ** ゆ | **ヨ** よ |
|  |  |  |
| キャッチャー 포수 | ユニホーム 유니폼 | ヨーグルト 요구르트 |
| [캿챠-] | [유니호-무] | [요-구루또] |

쓰기노트 29쪽　　MP3 02-08

| 라 | 리 | 루 | 레 | 로 |
|---|---|---|---|---|
| **ラ** ら | **リ** り | **ル** る | **レ** れ | **ロ** ろ |
|  |  |  |  |  |
| ラケット 라켓 | リボン 리본 | キャラメル 캐러멜 | レモン 레몬 | ロープウェー 로프웨이 |
| [라껫또] | [리본] | [캬라메루] | [레몬] | [로-뿌웨-] |

쓰기노트 30쪽　　MP3 02-09

| 와 | 오 | | 응 |
|---|---|---|---|
| **ワ** わ | **ヲ** を | | **ン** ん |
|  | | |  |
| ワイシャツ 와이셔츠 | | | パンダ 판다 |
| [와이샤쯔] | | | [판다] |

쓰기노트 31쪽　　MP3 02-10

28

# 탁음·반탁음

히라가나로는 が, ぎ, ぐ, げ, ご | ざ, じ, ず, ぜ, ぞ | だ, ぢ, づ, で, ど | ば, び, ぶ, べ, ぼ |
ぱ, ぴ, ぷ, ぺ, ぽ

**탁음**

가
## ガ が
ガイド 가이드
[가이도]

기
## ギ ぎ
ギター 기타
[기따-]

구
## グ ぐ
グラス 유리, 잔
[그라스]

게
## ゲ げ
ゲーム 게임
[게-무]

고
## ゴ ご
ゴルフ 골프
[고르후]

자
## ザ ざ
デザート 디저트
[데자-또]

지
## ジ じ
ラウンジ 라운지
[라운지]

즈
## ズ ず
サイズ 사이즈
[사이즈]

제
## ゼ ぜ
ゼロ 제로, 0
[제로]

조
## ゾ ぞ
リゾート 리조트
[리조-또]

다
## ダ だ
ダンス 댄스, 춤
[단스]

지
## ヂ ぢ

즈
## ヅ づ

데
## デ で
デート 데이트
[데-또]

도
## ド ど
ドア 문
[도아]

바
## バ ば
バナナ 바나나
[바나나]

비
## ビ び
ビール 맥주
[비-루]

부
## ブ ぶ
ブーツ 부츠
[부-쯔]

베
## ベ べ
ベル 벨, 종
[베루]

보
## ボ ぼ
ボール 공
[보-루]

**반탁음**

파
## パ ぱ
パワー 파워, 힘
[파와-]

피
## ピ ぴ
ピアノ 피아노
[피아노]

푸
## プ ぷ
プレゼント 선물
[프레젠또]

페
## ペ ぺ
ページ 페이지
[페-지]

포
## ポ ぽ
ポスト 우체통
[포스또]

# 요음

쓰기노트 37~40쪽    MP3 02-12

히라가나로는 きゃ, きゅ, きょ | ぎゃ, ぎゅ, ぎょ | しゃ, しゅ, しょ | じゃ, じゅ, じょ |
ちゃ, ちゅ, ちょ | にゃ, にゅ, にょ | ひゃ, ひゅ, ひょ | びゃ, びゅ, びょ |
ぴゃ, ぴゅ, ぴょ | みゃ, みゅ, みょ | りゃ, りゅ, りょ

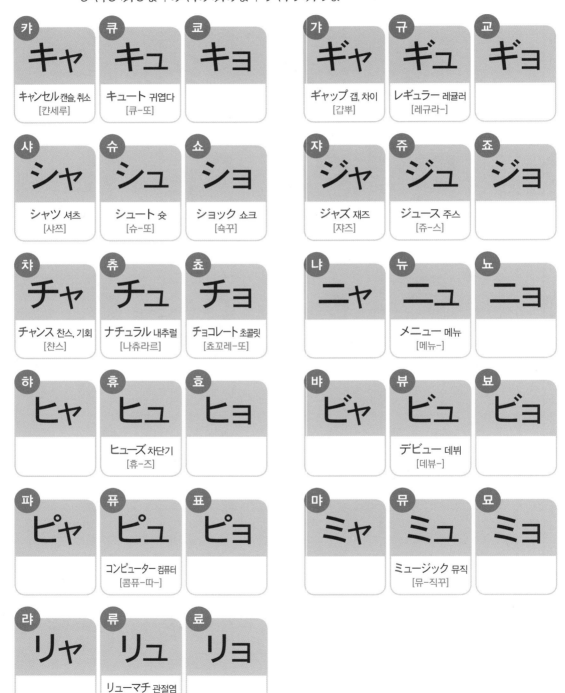

| 캬 | 큐 | 쿄 | 갸 | 규 | 교 |
|---|---|---|---|---|---|
| **キャ** | **キュ** | **キョ** | **ギャ** | **ギュ** | **ギョ** |
| キャンセル 캔슬, 취소 [칸세루] | キュート 귀엽다 [큐-또] | | ギャップ 갭, 차이 [걉뿌] | レギュラー 레귤러 [레규라-] | |

| 샤 | 슈 | 쇼 | 쟈 | 쥬 | 죠 |
|---|---|---|---|---|---|
| **シャ** | **シュ** | **ショ** | **ジャ** | **ジュ** | **ジョ** |
| シャツ 셔츠 [샤쯔] | シュート 슛 [슈-또] | ショック 쇼크 [쇽꾸] | ジャズ 재즈 [쟈즈] | ジュース 주스 [쥬-스] | |

| 챠 | 츄 | 쵸 | 냐 | 뉴 | 뇨 |
|---|---|---|---|---|---|
| **チャ** | **チュ** | **チョ** | **ニャ** | **ニュ** | **ニョ** |
| チャンス 찬스, 기회 [챤스] | ナチュラル 내추럴 [나츄라르] | チョコレート 초콜릿 [쵸꼬레-또] | | メニュー 메뉴 [메뉴-] | |

| 햐 | 휴 | 효 | 뱌 | 뷰 | 뵤 |
|---|---|---|---|---|---|
| **ヒャ** | **ヒュ** | **ヒョ** | **ビャ** | **ビュ** | **ビョ** |
| | ヒューズ 차단기 [휴-즈] | | | デビュー 데뷔 [데뷰-] | |

| 퍄 | 퓨 | 표 | 먀 | 뮤 | 묘 |
|---|---|---|---|---|---|
| **ピャ** | **ピュ** | **ピョ** | **ミャ** | **ミュ** | **ミョ** |
| | コンピューター 컴퓨터 [콤퓨-따-] | | | ミュージック 뮤직 [뮤-직꾸] | |

| 랴 | 류 | 료 |
|---|---|---|
| **リャ** | **リュ** | **リョ** |
| | リューマチ 관절염 [류-마치] | |

# Day 03

# 인사 표현 익히기

축하해요~!

고마워요~

MP3와 강의를
들어보세요!

· 이렇게 공부하세요 ·

동영상 강의

☐ ☐ ☐

MP3 듣기

☐ ☐ ☐

복습용 동영상

☐ ☐ ☐

## 만났을 때

### 아침인사

오 하 요 - 고 자 이 마 스
**おはようございます。**
안녕하세요.

오 하 요 -
**おはよう。**
안녕하세요.

**Tip** おはようございます。 를 줄여서 おはよう。 라고도 합니다.

### 낮 인사

콘 니 찌 와
**こんにちは。**
안녕하세요.

콘 니 찌 와
**こんにちは。**
안녕하세요.

**Tip** こんにちは。 의 は는 [하]가 아닌 [와]라고 발음합니다.

### 저녁인사

콤 방 와
**こんばんは。**
안녕하세요.

콤 방 와
**こんばんは。**
안녕하세요.

**Tip** こんばんは。 의 は도 [하]가 아닌 [와]라고 발음합니다.

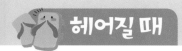 

🎧 MP3 03-04

サ ヨ ー ナ ラ
**さようなら。**
안녕.

サ ヨ ー ナ ラ
**さようなら。**
안녕히 계세요.

**Tip** 영어 표현 Bye - bye.를 사용하여 バイバイ。[바이바이]라고도 합니다.

🎧 MP3 03-05

ジャ ー ネ
**じゃあね。**
그럼, 이만.

デ ワ マ タ
**では、また。**
그럼 또 (만나요).

**Tip** では。의 は도 [와]라고 발음합니다. "내일 또 봐요."라고 할 때는 また あした。[마따 아시따]라고 합니다.

🎧 MP3 03-06

オ ヤ ス ミ
**おやすみ。**
잘 자.

オ ヤ ス ミ ナ サ イ
**おやすみなさい。**
안녕히 주무세요.

**Tip** 잠자리에 들기 전에 하는 말이지만, 저녁에 헤어지며 인사할 때도 쓸 수 있습니다.

🎧 MP3 03-07

> 스미마셍
> **すみません。**
> 죄송합니다.

> 이 - 에
> **いいえ、**
> 다 이 죠 - 부데스
> **だいじょうぶです。**
> 아니요, 괜찮습니다.

> **Tip** "너무 죄송합니다."라고 할 때는 どうも すみません。이라고 합니다.

🎧 MP3 03-08

> 고 멘 나사 이
> **ごめんなさい。**
> 미안해요.

> 이 - 에
> **いいえ。**
> 아니에요.

> **Tip** 친한 사이에 "미안."이라고 할 때는 ごめん。이라고 합니다.

 ## 축하 · 감사할 때

🎧 MP3 03-09

> 아 리 가 또 - 고 자 이 마 스
> **ありがとうございます。**
> 고마워요.

> 오 메 데 또 - 고 자 이 마 스
> **おめでとうございます。**
> 축하해요.

> **Tip** おめでとうございます。대신 おめでとう。라고만 해도 되고, ありがとうございます。대신 ありがと
> う。라고만 해도 됩니다. "정말 고맙습니다."라고 할 때는 どうも ありがとうございます。라고 합니다.

## 식사할 때

식사전

이따다끼마스
## いただきます。
잘 먹겠습니다.

식사후

고찌소-사마데시따
## ごちそうさまでした。
잘 먹었습니다.

**Tip** 일본에서는 식사 전과 식후에 일반적으로 이렇게 말합니다.

## 외출·귀가했을때

외출할때

잇떼키마스
## いってきます。
다녀오겠습니다.

잇떼랏샤이
## いってらっしゃい。
잘 다녀오세요.

**Tip** いってらっしゃい。는 いっていらっしゃい。를 줄인 말입니다.

귀가했을때

타다이마
## ただいま。
다녀왔습니다.

오까에리나사이
## おかえりなさい。
잘 다녀왔어요?

**Tip** 손아랫사람에게 말할 때는 おかえり。라고만 해도 됩니다.

## 안부를 물어볼 때

🎧 MP3 03-13

오 히 사 시 부 리
**おひさしぶり。**
오랜만이야.

오 히 사 시 부 리 데 스
**おひさしぶりです。**
오랜만이에요.

**Tip** 오랜만에 만났을 때 하는 인사말입니다.

🎧 MP3 03-14

오 겡 끼 데 스 까
**おげんきですか。**
잘 지내세요?

오 까 게 사 마 데
**おかげさまで、**
겡 끼 데 스
**げんきです。**
덕분에 잘 지내요.

**Tip** 안부를 묻고 답할 때 쓰는 가장 일반적인 표현입니다.

## 퇴근할 때

🎧 MP3 03-15

시 쯔 레 - 시 마 스
**しつれいします。**
실례하겠습니다.

오 쯔 까 레 사 마 데 시 따
**おつかれさまでした。**
수고하셨습니다.

**Tip** しつれいします。 앞에 おさきに(먼저)를 붙이기도 합니다. おつかれさまでした。를 줄여서 おつかれ
さま。라고도 합니다.

와 따 시 와
# わたしは
파 꾸 미 에 데 스
# パク・ミエです。

저는 박미애입니다.

잘 부탁해요

처음 봽겠습니다

MP3와 강의를
들어보세요!

## · 이렇게 공부하세요 ·

| 동영상 강의 | MP3 듣기 | 본책 학습 | 복습용 동영상 |
|---|---|---|---|
| □□□ | □□□ | □□□ | □□□ |

| 단어장 | 단어암기 동영상 | 쓰기 노트 |
|---|---|---|
| □□□ | □□□ | □□□ |

# 핵심 문장 익히기

**1**

코 레　　도 - 조
# これ、どうぞ。

| 이거 | 받으세요. |

## これ・それ・あれ・どれ  이것·그것·저것·어느 것

➡ **지시 대명사** 196쪽 참고

これ [코레], それ [소레], あれ [아레], どれ [도레]는 사물을 가리키는 대명사입니다. これ는 말하는 사람에게서 가까운 것을, それ는 듣는 상대방에 가까운 것을, あれ는 말하는 사람과 듣는 상대방 양쪽으로부터 멀리 떨어져 있는 것을 가리킵니다. 그리고 どれ는 확실치 않은 것을 가리킬 때 씁니다.

| 구분 | こ 이 | そ 그 | あ 저 | ど 어느 |
|---|---|---|---|---|
| **사물**을 가리킬 때(것) | これ 이것 | それ 그것 | あれ 저것 | どれ 어느 것 |
| **장소**를 가리킬 때(곳) | ここ 여기 | そこ 거기 | あそこ 저기 | どこ 어디 |
| **방향**을 가리킬 때(쪽) | こちら 이쪽 | そちら 그쪽 | あちら 저쪽 | どちら 어느 쪽 |

## どうぞ  자, 어서

どうぞ[도-조]는 상대방에게 권할 때 쓰면 '자', '어서'의 뜻이 됩니다. 그밖에 다양한 상황에서도 쓸 수 있는데, 자리를 안내할 때는 '오세요'나 '앉으세요', 물건을 건네줄 때는 '받으세요'로 해석하면 좋습니다.

예  **なかへ** どうぞ。 안으로 들어오세요

　　**こちらへ** どうぞ。 이쪽에 앉으세요. / 이쪽으로 오세요.

**への 발음**

へ는 단어 속에서 나올 때는 [헤]로 발음되지만, 조사로 쓰일 때는 [에]로 발음합니다.

**단어**

**なか** 안, 속
**〜へ** 〜으로 (조사)
**こちら** 이쪽

---

👩‍🏫 **공부한 내용을 확인해 보세요!**

❶ **これ、_____。** 이거 받으세요.

❷ **なか_____ どうぞ。** 안으로 들어오세요.

**정답**
① どうぞ  ② へ

## 2

코 레 와    난 데 스 까
# これは  なんですか。
이것    은      무엇      입니까?

---

## 〜は 〜です   〜은~입니다

〜は [와]는 '〜은/는'의 뜻으로, 주어 뒤에 붙는 조사입니다.
명사 뒤에 です [데스]가 오면 '〜입니다'라는 뜻이 됩니다.

⑩ **わたしは がくせい**です。 나는 학생입니다.

## なんですか   무엇입니까?

なんですか [난데스까]는 '무엇입니까?'라는 뜻으로, 사물을 가리키며 물어보는 표현
입니다. なん [난]은 '무엇', 〜ですか [데스까]는 '〜입니까?'라는 뜻입니다.

⑩ **それは なん**ですか。 그것은 무엇입니까?

**인칭 대명사**

わたし[와따시] 나, 저
あなた[아나따] 너, 당신
かれ[카레] 그, 그 남자
かのじょ[카노죠] 그녀
ぼく[보꾸] 나, 저 (남자가 씀)

➜ **인칭 대명사** 196쪽 참고

**단어**

〜は 〜은/는 (조사)
なん 무엇
〜ですか 〜입니까?
〜です 〜입니다
わたし 나
がくせい 학생
それ 그것

### 공부한 내용을 확인해 보세요!

❶ **これは _____ ですか。** 이것은 무엇입니까?

❷ **_____ は がくせいです。** 나는 학생입니다.

**정답**
① なん  ② わたし

MP3 04-03

**3**

소 레 와　　　캉 꼬 꾸 노　　 노 리 데 스
# それは　かんこくの　のりです。

| 그것 | 은 | | 한국 | (의) | | 김 | 입니다. |

## 지시대명사로 묻고 답하기

지시대명사는 말하는 사람과 듣는 사람의 위치나 거리에 따라 특정한 것을 가리키는 말이기 때문에, 묻고 답하는 경우에 따라 쓰는 표현이 정해져 있습니다.

| 질문 → 대답 | 예문 | |
|---|---|---|
| これ → それ | これは なんですか。<br>이것은 무엇입니까? | ➡ | それは ほんです。<br>그것은 책입니다. |
| それ → これ | それは なんですか。<br>그것은 무엇입니까? | ➡ | これは ほんです。<br>이것은 책입니다. |
| あれ → あれ | あれは なんですか。<br>저것은 무엇입니까? | ➡ | あれは ほんです。<br>저것은 책입니다. |
| どれ → これ<br>それ<br>あれ | あなたの ほんは どれですか。<br>당신의 책은 어느 것입니까? | ➡ | これです。이것입니다.<br>それです。그것입니다.<br>あれです。저것입니다. |

## の의 쓰임 (1)

の [노]는 '~의'라는 뜻의 조사입니다. 일본어에서는 명사와 명사를 연결할 때 조사 の 를 써야 합니다.

예 **わたしの ほん** 나의 책, 내 책

**공부한 내용을 확인해 보세요!**

❶ _____ は　なんですか。 저것은 무엇입니까?

❷ わたし_____ ほんです。 내 책입니다.

**단어**

**かんこく** 한국
**のり** 김
**ほん** 책
**あなた** 당신, 너
**あれ** 저것

**정답**
① あれ ② の

40

**4**

<ruby>こ<rt>코</rt></ruby><ruby>ち<rt>찌</rt></ruby><ruby>ら<rt>라</rt></ruby>は <ruby>りゅう<rt>류-</rt></ruby><ruby>が<rt>각</rt></ruby><ruby>く<rt>세-</rt></ruby><ruby>せい<rt></rt></ruby>の <ruby>パ<rt>파꾸</rt></ruby><ruby>ク<rt></rt></ruby>さんです。

코 찌 라 와    류 - 각 세 - 노  파 꾸 상 데 스
# こちらは りゅうがくせいの パクさんです。
| 이쪽 | 은 | | 유학생 | (인) | 박 양 | 입니다. |

## こちら 이쪽, 이분

こちら [코찌라]는 원래 '이쪽'이란 뜻의 방향을 나타내는 말인데, 사람을 가리킬 때는 '이 사람', '이분'이란 뜻이 됩니다. '이분은 ~입니다'라고 사람을 소개할 때는 「こちらは ~です [코찌라와 ~데스]」라고 합니다.

🔘 **こちらは キム・ジヨンさんです。** 이쪽은 김지연 씨입니다.

## の의 쓰임 (2)

조사 の [노]는 '~의'란 뜻으로, 명사와 명사를 연결하는 역할을 한다고 바로 앞에서 배웠습니다. 하지만 위의 「りゅうがくせいの パクさん [류-각세-노 파꾸상]」에서의 の는 동격을 나타냅니다.

🔘 **こちらは せんぱいの すずきさんです。** 이쪽은 선배인 스즈키 씨입니다.

(선배 = 스즈키 씨)

**~さん**

일본에서는 사람 이름 뒤에 ~さん(~씨)이나 ~くん(~군)을 붙입니다.

➡ **인칭 대명사** 196쪽 참고

**단어**

**りゅうがくせい** 유학생
**~さん** ~씨
**せんぱい** 선배

**공부한 내용을 확인해 보세요!**

❶ _____ は りゅうがくせいの パクさんです。
이쪽은 유학생인 박 양입니다.

❷ こちらは _____ すずきさんです。 이쪽은 선배인 스즈키 씨입니다.

**정답**
① こちら ② せんぱいの

# 리얼 회화 연습

**1**

코 레　　　도 - 조
# これ、どうぞ。
이거 받으세요.

(1) 탁　상
**たくさん**

(2) 코 찌 라 에
**こちらへ**

(3) 나 까 에
**なかへ**

(4) 고 육 꾸 리
**ごゆっくり**

**단어**

たくさん 많이
こちら 이쪽
～へ ～으로 (조사)
なか 안, 속
ごゆっくり 푹, 천천히

**2**

코 레 와　　난 데 스 까
# これは なんですか。
이것은 뭐예요?

(1) 아 나 따　　　　　　　　　　　　　　　각 세 -
**あなた**　　　　　　　　　**がくせい**

(2) 카 레　　　　　　　　　　　　　　　　센 세 -
**かれ**　　　　　　　　　　**せんせい**

(3) 코 도 모　　　　　　　　　　　　　　　난 닌
**こども**　　　　　　　　　**なんにん**

(4) 코 꼬　　　　　　　　　　　　　　　　도 꼬
**ここ**　　　　　　　　　　**どこ**

**단어**

あなた 당신, 너
がくせい 학생
かれ 그, 그 남자
せんせい 선생님
こども 아이, 어린이
なんにん 몇 명
ここ 여기
どこ 어디

🎧 MP3 04-09 들어 보기　🎤 MP3 04-10 회화 훈련

**3**

소 레 와　　노 리 데 스
## それは　のりです。

그것은 김이에요.

(1) 코 레
**これ**
프 레 젠 또
**プレゼント**

(2) 아 레
**あれ**
만 숀
**マンション**

(3) 와 따 시
**わたし**
다 이 각 세 -
**だいがくせい**

(4) 코 도 모
**こども**
후 따 리
**ふたり**

**단어**

**プレゼント** 선물
**あれ** 저것
**マンション** 맨션
**わたし** 나
**だいがくせい** 대학생
**ふたり** 두 명

➡ **사람 수 세기** 199쪽 참고

---

🎧 MP3 04-11 들어 보기　🎤 MP3 04-12 회화 훈련

**4**

코 찌 라 와　　　류 -　각 세 -노　　파 꾸 상 데 스
## こちらは　りゅうがくせいの　パクさんです。

이쪽은 유학생(인) 박 양이에요.

(1) 야 마 다 상
**やまださん**
카 조 꾸
**かぞく**

(2) 토 모 다 찌
**ともだち**
스 즈 끼 상
**すずきさん**

(3) 니 홍 고
**にほんご**
센 세 -
**せんせい**

(4) 카 이 샤
**かいしゃ**
도 - 료 -
**どうりょう**

**단어**

**～さん** ～씨
**かぞく** 가족
**ともだち** 친구
**にほんご** 일본어
**かいしゃ** 회사
**どうりょう** 동료

# 도전! 실전 회화

🎧 MP3 04-13 들어 보기    🎤 MP3 04-14 회화 훈련

센세 – 쇼 – 따이 아리가또 – 고자이마스
せんせい、しょうたい ありがとうございます。

코레 도 – 조
これ、どうぞ。

아 – 아리가또 – 코레와 난 데스까
ああ、ありがとう。これは なんですか。

소레와 캉 꼬꾸노 노리데스
それは かんこくの のりです。

하쯔꼬 코찌라와 류 – 각 세 – 노 파꾸 상
はつこ、こちらは りゅうがくせいの パクさん。

하지메마시떼 와따시와 파꾸 미에데스
はじめまして❶。わたしは パク・ミエです。

요로시꾸 오네가이시마스
よろしく おねがいします。

하지메마시떼 도 – 조 요로시꾸
はじめまして。どうぞ よろしく❷。

---

🍜 단어 뜻을 적어보세요~

| | | | |
|---|---|---|---|
| せんせい 선생님 | しょうたい 초대 | ありがとうございます 감사합니다 | これ _____ |
| どうぞ _____ | なん _____ | それ _____ | かんこく _____ |
| 〜の 〜의(조사) | のり 김 | こちら _____ | りゅうがくせい _____ |
| 〜さん 〜씨 | わたし 나 | よろしく 잘 | おねがいします 부탁합니다 |

| 미애 | 선생님, 초대해 주셔서 감사해요.<br>이거 받으세요. |
|------|------|
| 선생님 | 아, 고마워요. 이건 뭐예요? |
| 미애 | 그건 한국 김이에요. |
| 선생님 | 하츠코, 이쪽은 유학생 박미애 양. |
| 미애 | 처음 뵙겠습니다. 저는 박미애예요.<br>잘 부탁합니다. |
| 선생님 부인 | 처음 뵙겠습니다. 잘 부탁해요. |

❶ はじめまして  처음 뵙겠습니다
처음 만나는 사람에게 하는 인사말입니다. 보통 はじめまして라고 인사하면 はじめまして라고 대답하면 됩니다.

❷ どうぞよろしく  잘 부탁합니다
원래는 뒤에 '부탁합니다'란 뜻의 おねがいします를 붙여야 하지만, 생략해서 どうぞよろしく 라고만 해도 됩니다.

🎧 MP3 04-15

**1** 다음을 잘 듣고, 밑줄 친 곳에 들어갈 말을 고르세요.

1 _____。わたしは パク・ミエです。

① はじめまして　② はじめました　③ よろしく　　④ どうぞ よろしく

2 せんせい、_____ ありがとうございます。

① しょうたい　② しょたい　③ しょだい　④ しょうだい

3 これ、_____。

① どうも　② とうも　③ どうぞ　④ どうじょ

**2** 밑줄 친 부분에 들어갈 말을 적고, 소리 내어 말해 보세요.

1 A: これは なんですか。

　B: _____は _____です。 그것은 책입니다.

2 A: はじめまして。どうぞ よろしく おねがいします。

　B: _____。_____ おねがいします。 처음 뵙겠습니다. 잘 부탁드려요.

3 _____は _____ すずきさんです。 이쪽은 친구인 스즈키 씨예요.

**3** 빈칸에 들어갈 알맞은 말을 고르세요.

1 それは かんこく_____ のりです。 그것은 한국 김입니다.

① は　② が　③ へ　④ の

2 こちらは せんぱい_____ すずきさんです。 이쪽은 선배인 스즈키 씨입니다.

① は　② が　③ へ　④ の

3 どうぞ _____ おねがいします。 부디 잘 부탁드립니다.

① よろしく　② よろしい　③ おろしく　④ もろしい

➡ 정답 212쪽

네꼬노 에사 와
# ねこの えさは
아리마 셍 까
# ありませんか。

고양이 사료는 없습니까?

댁에 개도
있나요?

아니요,
고양이가 있어요

# 핵심 문장 익히기

🎧 MP3 05-01

**1**

네 꼬 노　에 사 와　아 리 마 셍　까

# ねこの えさは ありませんか。

| 고양이 | (의) | 사료 | 는 | 없습니까? |

---

## あります・ありません 있습니다・없습니다 [사물]

あります [아리마스]는 '있습니다', ありません [아리마셍]은 '없습니다'라는 뜻으로, 사물이나 식물의 존재를 나타냅니다. 보통 장소나 위치를 나타내는 조사 に [니]가 앞에 와서 「〜に あります(〜에 있습니다)」와 같은 형태로 쓰입니다.

예) **じしょは あそこに あります。** 사전은 저기에 있습니다.

**ボールペンは ありません。** 볼펜은 없습니다.

## ありませんか 없습니까?

あります(있습니다)와 ありません(없습니다) 뒤에 의문의 종조사 か [까]를 붙이면 의문형이 됩니다. ありますか [아리마스까]는 '있습니까?', ありませんか [아리마셍까]는 '없습니까?'라는 뜻입니다.

예) **おかね ありますか。** 돈 있습니까?

**ボールペンは ここに ありませんか。** 볼펜은 여기에 없습니까?

**왕초보 탈출 tip**

사람이나 생물이 '있습니다/없습니다'라고 할 때는 います [이마스]/いません [이마셍]을 씁니다.

➡ 50쪽 참고

**단어**

**ねこ** 고양이
**えさ** 사료, 먹이
**〜に** 〜에 (조사)
**じしょ** 사전
**あそこ** 저기
**ボールペン** 볼펜
**おかね** 돈
**ここ** 여기

---

### 공부한 내용을 확인해 보세요!

❶ **じしょは あそこに _____。** 사전은 저기에 있습니다.

❷ **ねこの えさは _____ か。** 고양이 사료는 없습니까?

**정답**
① あります　② ありません

**2**

아 소 꼬 노　타 나 노　시 따 니　아 리 마 스
# あそこの　たなの　したに　あります。

| 저기 | (의) | 선반 | (의) | 아래 | 에 | | 있습니다. |

## 위치 표현

|  |  |  |  |
|---|---|---|---|
| うえ(上) 위 | した(下) 아래 | なか(中) 안, 속 | そと(外) 겉, 밖 |

|  |  |  |  |
|---|---|---|---|
| まえ(前) 앞 | うしろ(後ろ) 뒤 | みぎ(右) 오른쪽 | ひだり(左) 왼쪽 |

예

つくえの うえ 책상 위
ベッドの した 침대 아래
はこの なか 상자 안
いえの そと 집 밖
ビルの まえ 건물 앞
せんせいの うしろ 선생님 뒤
テーブルの みぎ 테이블 오른쪽
いすの ひだり 의자 왼쪽

### どこに ありますか 어디에 있습니까?

'~은 어디에 있습니까?'라고 사물의 위치를 물어볼 때는 ～は どこに ありますか
[~와 도꼬니 아리마스까] 라고 합니다.

예　A わたしの ほんは どこに ありますか。 내 책은 어디에 있습니까?
　　B つくえの うえに あります。 책상 위에 있습니다.

**단어**

**たな** 선반
**つくえ** 책상
**ベッド** 침대
**はこ** 상자
**いえ** 집
**ビル** 빌딩, 건물
**せんせい** 선생님
**テーブル** 테이블
**いす** 의자
**どこ** 어디
**わたし** 나, 저
**ほん** 책
**かばん** 가방

 **공부한 내용을 확인해 보세요!**

❶ かばんは つくえの ＿＿＿に あります。 가방은 책상 아래에 있습니다.

❷ ほんは かばんの ＿＿＿に あります。 책은 가방 안에 있습니다.

정답

① した　② なか

🎧 MP3 05-03

**3**

오 타 꾸 니 이 누 가 이 마 스 까
# おたくに いぬが いますか。

| 댁 | 에 | 개 | 가 | 있습니까? |

## います・いません 있습니다·없습니다 [사람, 생물]

います[이마스]는 '있습니다', いません[이마셍]은 '없습니다'라는 뜻으로, 사람이나
동물 등 생물의 존재를 나타냅니다. 뒤에 か[까]를 붙이면 의문형이 되는데, います
か[이마스까]는 '있습니까?', いませんか[이마셍까]는 '없습니까?'라는 뜻입니다.

예 A **おとうさんは どこに** います**か。** 아버지는 어디에 있습니까?

　 B **かいしゃに** います**。** 회사에 있습니다.

　　 **うちに** いません**。** 집에 없습니다.

## ～が ～이, ～가

が[가]는 주어 뒤에 붙어 '～이', '～가'라는 뜻을 나타내는 조사입니다.

예 **これ**が **わたしの かばんです。** 이것이 제 가방입니다.

　 **いもうと**が **います。** 여동생이 있습니다.

**가족의 호칭**

일본은 본인의 가족을 부르는 단
어와 상대방의 가족을 부르는 단
어가 다릅니다. 상대방의 가족을
높여 부르지요.

| | 내 가족 | 상대방 가족 |
|---|---|---|
| 아버지 | ちち | おとうさん |
| 어머니 | はは | おかあさん |
| 형, 오빠 | あに | おにいさん |
| 누나, 언니 | あね | おねえさん |
| 남동생 | おとうと | おとうとさん |
| 여동생 | いもうと | いもうとさん |

**단어**

**おたく** 댁 (상대방의 집)
**いぬ** 개
**おとうさん** 아버지
**かいしゃ** 회사
**うち** 집
**いもうと** 여동생

**공부한 내용을 확인해 보세요!**

❶ **おたくに いぬが ＿＿＿＿＿か。** 집에 개가 있습니까?

❷ **これ＿＿＿ わたしの かばんです。** 이것이 제 가방입니다.

**정답**
① います　② が

**4**

<ruby>い<rt>이</rt></ruby><ruby>ぬ<rt>누</rt></ruby>は　<ruby>い<rt>이</rt></ruby>ま<ruby>せ<rt>마</rt></ruby><ruby>ん<rt>셍</rt></ruby>が、　<ruby>ね<rt>네</rt></ruby><ruby>こ<rt>꼬</rt></ruby>は　<ruby>い<rt>이</rt></ruby>ま<ruby>す<rt>마 스</rt></ruby>。

| 개 | 는 | 없지만, | 고양이 | 는 | 있습니다. |

---

## Aは 〜が、Bは … Aは～지만, Bは…

여기서의 が [가]는 역접조사로 '〜지만'의 뜻입니다. 앞에 나온 문장과 다른 내용이 뒤에 나올 때 씁니다.

예 **むすこは いますが、むすめは いません。**
아들은 있지만, 딸은 없어요.

**かれしは いませんが、おとこ ともだちは たくさん います。**
사귀는 남자는 없지만, 남자 친구는 많이 있어요.

### あります · います 총정리

| | 사물, 식물 | 사람, 생물 |
|---|---|---|
| **있습니다** | あります | います |
| **없습니다** | ありません | いません |
| **있었습니다** | ありました | いました |
| **없었습니다** | ありませんでした | いませんでした |

**왕초보 탈출 tip**

사물이나 식물이 '있다'는 ある [아루], '없다'는 ない [나이]입니다. 사람이나 동물이 '있다'는 いる [이루], '없다'는 いない [이나이]입니다.

**단어**

**むすこ** 아들
**むすめ** 딸
**かれし** (교제하는) 남자 친구
**おとこ** 남자
**ともだち** 친구
**たくさん** 많이

---

👩 **공부한 내용을 확인해 보세요!**

**❶ いぬ____ いませんが、ねこ____ います。**
개는 없지만, 고양이는 있습니다.

**❷ むすこは _____、むすめは います。**
아들은 없지만, 딸은 있습니다.

**정답**
① は / は　② いませんが

## 리얼 회화 연습

🎧 MP3 05-05 들어 보기　🎙 MP3 05-06 회화 훈련

**1**

<sup>네꼬노　에사와　아리마 셍 까</sup>
# ねこの えさは ありませんか。

고양이 사료는 없어요?

(1) <sup>콤 비 니</sup>
　　**コンビニ**

(2) <sup>코 ─ 히 ─</sup>
　　**コーヒー**

(3) <sup>슈 꾸다 이</sup>
　　**しゅくだい**

(4) <sup>시 껭</sup>
　　**しけん**

**단어**

**コンビニ** 편의점
**コーヒー** 커피
**しゅくだい** 숙제
**しけん** 시험

---

🎧 MP3 05-07 들어 보기　🎙 MP3 05-08 회화 훈련

**2**

<sup>타 나 노　시 따 니　아 리 마 스</sup>
# たなの したに あります。

선반 아래에 있어요.

(1) <sup>테 ─ 부 르</sup>　　<sup>우 에</sup>
　　**テーブル**　　**うえ**

(2) <sup>카 방</sup>　　<sup>나 까</sup>
　　**かばん**　　**なか**

(3) <sup>코 ─ 엔</sup>　　<sup>우 시 로</sup>
　　**こうえん**　　**うしろ**

(4) <sup>비 루</sup>　　<sup>미 기</sup>
　　**ビル**　　**みぎ**

**단어**

**テーブル** 테이블
**うえ** 위
**かばん** 가방
**なか** 안, 속
**こうえん** 공원
**うしろ** 뒤
**ビル** 빌딩, 건물
**みぎ** 오른쪽

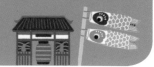

🎧 MP3 05-09 들어 보기　🎤 MP3 05-10 회화 훈련

**3**

오 타 꾸 니　　이 누 가　　이 마 스 까
A **おたくに　いぬが　いますか。** 댁에 개가 있어요?

이 ― 에　　이 마 셍
B **いいえ、いません。** 아니요, 없어요.

(1) 니 와
にわ　　　　　네 꼬
ねこ

(2) 쿄 ― 시 쯔
きょうしつ　　셍 세 ―
せんせい

(3) 코 ― 엔
こうえん　　　하 또
はと

(4) 우 찌
うち　　　　　오 까 ― 상
おかあさん

**단어**

**いいえ** 아니요 (부정의 대답)
**にわ** 정원, 뜰
**きょうしつ** 교실
**せんせい** 선생님
**はと** 비둘기
**うち** 집
**おかあさん** 어머니

🎧 MP3 05-11 들어 보기　🎤 MP3 05-12 회화 훈련

**4**

이 누 와　　이 마 셍 가　　네 꼬 와　　이 마 스
**いぬは　いませんが、ねこは　います。**

개는 없지만, 고양이는 있어요.

(1) 오 또 ― 또
おとうと　　　이 모 ― 또
いもうと

(2) 카 레 시
かれし　　　　오 또 꼬 토 모 다 찌
おとこ　ともだち

(3) 아 네
あね　　　　　아 니
あに

(4) 오 지 ― 상
おじいさん　　오 바 ― 상
おばあさん

**단어**

**おとうと** 남동생
**いもうと** 여동생
**かれし** (교제하는) 남자 친구
**おとこ** 남자
**ともだち** 친구
**あね** 누나, 언니
**あに** 형, 오빠
**おじいさん** 할아버지
**おばあさん** 할머니

🎧 **MP3 05-13** 들어 보기　🎤 **MP3 05-14** 회화 훈련

 이 랏　 샤　 이 마 세
いらっしゃいませ。

 아 노-　 네꼬노　 에 사 와 아 리 마 셍 까
あのう、ねこの えさは ありませんか。

 아 소꼬노　 타 나 노　 시 따 니　 아 리 마 스
あそこの たなの したに あります。

 하 이　　 도 - 모
はい❶、どうも❷。

 오 타꾸니 이 누 모　이 마 스 까
おたくに いぬも いますか。

 이 - 에　　 네꼬가 이 마 스
いいえ❶、ねこが います。

 소 레 와 이 누 요 - 데 스 요
それは いぬようですよ❸。

아　 소 - 데 스 네
あ、そうですね。

쟈　　 코 레 데 오 네 가 이 시 마 스
じゃ、これで おねがいします❹。

---

🍜 **단어 뜻을 적어보세요~**

| | | | |
|---|---|---|---|
| **いらっしゃいませ** 어서 오세요 | **あのう** 저…, 저기요 | **ねこ** _____ | **えさ** 먹이, 사료 |
| **ありませんか** _____ | **あそこ** _____ | **たな** 선반 | **した** _____ |
| **～に** _____ | **あります** _____ | **おたく** 댁 (상대방의 집) | **いぬ** _____ |
| **～も** ～도 (조사) | **います** _____ | **～が** ～이/가 (조사) | **それ** 그것 |
| **いぬよう** 개용, 애견용 | **そうですね** 그렇네요, 그럴군요 | **じゃ** 그럼 (=では) | **～で** ～으로 (조사) |

| 점원 | 어서 오세요. |
|------|------|
| 미애 | 저기요, 고양이 사료는 없어요? |
| 점원 | 저기 선반 아래에 있어요. |
| 미애 | 네, 감사합니다. |
| 점원 | 댁에 개도 있나요? |
| 미애 | 아니요, 고양이가 있어요. |
| 점원 | 그건 개용이에요. |
| 미애 | 아, 그렇네요. |
|      | 그럼, 이걸로 주세요. |

❶ はい 예 / いいえ 아니요
はい와 いいえ는 각각 긍정과 부정의 대답 표현입니다.

❷ どうも 감사합니다
どうも ありがとうございます를 줄여서 どうも라고만 해도 감사의 인사말이 됩니다.

❸ ～ですよ ～랍니다
회화에서는 문장 끝에 よ나 ね가 붙는 경우가 많습니다. ～よ는 강조하는 뉘앙스가 있어서 '～랍니다', '～인 거예요'로 해석할 수 있죠..

❹ これで おねがいします 이걸로 부탁해요, 이걸로 주세요
おねがいします는 よろしく おねがいします(잘 부탁합니다) 외에도 다양한 장면에서 사용됩니다. 상대방에게 부드럽게 요구할 때 두루 쓰이는 표현이니 상황에 맞게 사용해 보세요.

### 듣고 말하기  🎧 MP3 05-15

**1** 다음을 잘 듣고, 밑줄 친 곳에 들어갈 말을 고르세요.

1 ねこの えさは たなの _____に あります。

　① うえ　　　　② した　　　　③ まえ　　　　④ うしろ

2 がくせいは きょうしつに _____。

　① います　　　② いません　　③ あります　　④ ありません

3 いらっ_____ませ。

　① さい　　　　② ちゃい　　　③ しゃい　　　④ たい

### 쓰고 말하기

**2** 밑줄 친 부분에 들어갈 말을 적고, 소리 내어 말해 보세요.

1 A: いぬは どこに いますか。

　B: にわに _____。 마당에 있어요.

2 A: かばんは _____に _____か。 가방은 어디에 있나요?

　B: かばんは いすの みぎに あります。

3 むすめは _____が、_____は _____。 딸은 없지만, 아들은 있어요.

### 시험 대비 문법

**3** 빈칸에 들어갈 알맞은 말을 고르세요.

1 いえの そと_____ いぬが います。 집 밖에 개가 있습니다.

　① は　　　　　② の　　　　　③ へ　　　　　④ に

2 これ_____ おねがいします。 이걸로 부탁해요.

　① に　　　　　② で　　　　　③ へ　　　　　④ の

3 じしょは どこに _____か。 사전은 어디에 있습니까?

　① います　　　② いません　　③ あります　　④ ありません

➡ 정답 | 212쪽

# Day 06

보 꾸 노    유 메 와
# ぼくの ゆめは
삭   까 -   센 슈 데 시 따
# サッカー せんしゅでした。

제 꿈은 축구 선수였습니다.

꿈이
피아니스트예요?

제 꿈은
선생님인데요

MP3와 강의를
들어보세요!

· 이렇게 공부하세요 ·

| 동영상 강의 | MP3 듣기 | 본책 학습 | 복습용 동영상 |
|---|---|---|---|
| □□□ | □□□ | □□□ | □□□ |

| 단어장 | 단어암기 동영상 | 쓰기 노트 |
|---|---|---|
| □□□ | □□□ | □□□ |

🎧 MP3 06-01

**1**

피아니스또 데와 아리마 셍

# ピアニストでは ありません。

| 피아니스트 | 가 | 아닙니다. |

## ～では ありません ～이 아닙니다

～では ありません은 ～です(~입니다)의 부정형으로 '~이/가 아닙니다'라는 뜻입니다. ～では ありません을 의문형으로 만들 때는 뒤에 か를 붙여서 ～では ありませんか(~이 아닙니까?)라고 하면 됩니다.

예 **これは ほんでは ありません。** 이것은 책이 아닙니다.
　　　　　　(＝では ないです)

　**あの ひとは たなかさんでは ありませんか。**
　저 사람은 다나카 씨가 아닙니까?

> ### ～ですか ～입니까?
> ───────────────
> ～です(~입니다)를 의문형으로 만들 때도 뒤에 か만 붙이면 됩니다.
>
> 예 **あの ひとが たなかくんです。** 저 사람이 다나카 군입니다.
>
> 　**あの ひとが たなかくんですか。** 저 사람이 다나카 군입니까?

**왕초보 탈출 tip**

'~이다'는 ～だ, '~이 아니다'는
～では ない입니다.

예 がくせいだ 학생이다
　がくせいではない
　학생이 아니다

**～くん**

이름 뒤에 붙은 くん(君)은 '~군'이라는 뜻입니다. 친구나 직장 동료, 친한 사이에서 쓰입니다.

**단어**

**ピアニスト** 피아니스트
**これ** 이것
**ほん** 책
**あのひと** 저 사람
**～さん** ~씨
**～くん** ~군

**공부한 내용을 확인해 보세요!**

❶ **ピアニスト_____ ありません。** 피아니스트가 아닙니다.

❷ **これは ほんでは _____。** 이것은 책이 아닙니다.

**정답**
① では　② ありません

58

**2**

보 꾸 노　유 메 와　삭 까 -　센 슈 데 시 따
# ぼくの ゆめは サッカー せんしゅでした。

| 저 | 의 | 꿈 | 은 | 축구 | 선수 | 였습니다. |

---

## ぼく 나, 저

→ **인칭 대명사** 196쪽 참고

わたし(나, 저)는 남녀노소 구분 없이 가장 일반적으로 쓰는 1인칭 대명사입니다. わたくし(저)는 わたし의 공손하고 격식 차린 표현입니다. 남자들은 ぼく 라는 1인칭 대명사도 많이 씁니다. おれ도 남자들이 쓰는데, 주로 친구나 손아랫사람과 대화할 때 씁니다.

## 〜でした 〜였습니다

**왕초보 탈출 tip**

〜でした는 '〜였습니다'라는 뜻으로, 〜です(〜입니다)의 과거형입니다. 의문형인 '〜였습니까?'는 〜でしたか라고 합니다.

'〜였다'는 〜だった입니다.

- **ゆめ**です 꿈입니다 ➡ **ゆめ**でした 꿈이었습니다
- **ゆめ**ですか 꿈입니까? ➡ **ゆめ**でしたか 꿈이었습니까?

예 ゆめだ 꿈이다
　 ゆめだった 꿈이었다

---

**단어**

**ゆめ** 꿈
**サッカー** 축구
**せんしゅ** 선수

**공부한 내용을 확인해 보세요!**

❶ ぼくの ゆめは サッカー せんしゅ＿＿＿＿＿＿。
　 제 꿈은 축구 선수였습니다.

❷ サッカー せんしゅが ゆめ＿＿＿＿＿＿。 축구 선수가 꿈이었습니까?

**정답**
① でした　② でしたか

🎧 MP3 06-03

**3**

쿄 네 마데 센 세ー 쟈 나 깟 따데스
# きょねんまで せんせいじゃ なかったです。
작년　　까지　　선생님　　이　　아니었습니다.

## ～では ありませんでした ～이 아니었습니다

～では ありません(～이 아닙니다)에 でした를 붙이면 과거 부정형이 됩니다. 보통 회화에서는 ～では ありませんでした보다 ～では なかったです나 ～じゃ なかったです를 더 많이 씁니다. では를 회화에서는 じゃ라고 말하는 경우가 많습니다.

예 **ゆめでは ありません**　➡　**ゆめでは ありませんでした**
**ゆめじゃ ないです**　　　　　**ゆめじゃ なかったです**
꿈이 아닙니다　　　　　　　　꿈이 아니었습니다

**왕초보 탈출 tip**

～では なかったです는 ～では ない(～이 아니다)의 과거형인 ～では なかった에 です가 붙은 형태입니다.

**단어**

**きょねん** 작년
**～まで** ～까지 (조사)
**せんせい** 선생님

**공부한 내용을 확인해 보세요!**

❶ **ゆめじゃ _____ です。** 꿈이 아니었습니다.

❷ **きょねんまで せんせいじゃ ありません_____。**
작년까지 선생님이 아니었습니다.

**정답**
① なかった　② でした

60

**4**

<ruby>きょ<rt>쿄</rt></ruby><ruby>ねん<rt>넨</rt></ruby>、 じこ が ありました。

| 작년에 | 사고 | 가 | 있었습니다. |

## 때를 나타내는 표현 (1)

➔ 날짜 총정리 200쪽 참고

| 재작년 | 작년 | 금년·올해 | 내년 | 내후년 |
| --- | --- | --- | --- | --- |
| おととし | きょねん<br>또는<br>さくねん | ことし | らいねん | さらいねん |

| 그저께 | 어제 | 오늘 | 내일 | 모레 |
| --- | --- | --- | --- | --- |
| おととい | きのう | きょう | あした | あさって |

## ありました 있었습니다

ありました는 あります(있습니다)의 과거형입니다. 의문형으로 '있었습니까?'라고 할 때는 ありましたか라고 하면 됩니다.

예 **くまもとで じしんが** ありました。 구마모토에서 지진이 있었습니다.

**ここで じこが** ありましたか。 여기에서 사고가 있었습니까?

**왕초보 탈출 tip**

~ました는 동사의 과거형인데, Day 12에서 배우게 되니 여기서는 ありました라는 표현으로 익혀 두세요.

**단어**

じこ 사고
くまもと 구마모토(熊本)
~で ~에서 (조사)
じしん 지진
ここ 여기

**공부한 내용을 확인해 보세요!**

❶ きょねん、じこが _____。 작년에 사고가 있었어요.

❷ きょねん 작년 — _____ 올해 — らいねん 내년

**정답**
① ありました ② ことし

# 리얼 회화 연습

🎧 **MP3** 06-05 들어 보기　🎤 **MP3** 06-06 회화 훈련

**1**

피 아 니 스 또 데 와　아 리 마 셍
# ピアニストでは ありません。

피아니스트가 아니에요.

카 슈
(1) **かしゅ**

카 이 샤 인
(2) **かいしゃいん**

게 - 노 - 진
(3) **げいのうじん**

모 데 루
(4) **モデル**

**단어**

**かしゅ** 가수
**かいしゃいん** 회사원
**げいのうじん** 연예인
**モデル** 모델

🎧 **MP3** 06-07 들어 보기　🎤 **MP3** 06-08 회화 훈련

**2**

보 꾸 노　유 메 와　삭 까 -　센 슈 데 시 따
# ぼくの ゆめは サッカー せんしゅでした。

제 꿈은 축구 선수였어요.

와 따 시 　　　　　　　 에 - 고 노 센 세 -
(1) **わたし**　　　　　**えいごの せんせい**

하 하 　　　　　　　　 피 아 니 스 또
(2) **はは**　　　　　　**ピアニスト**

찌 찌 　　　　　　　　 하 이 유 -
(3) **ちち**　　　　　　**はいゆう**

야 마 다 쿤 　　　　　　 케 - 사 쯔 깐
(4) **やまだくん**　　　**けいさつかん**

**단어**

**わたし** 나
**えいご** 영어
**はは** 엄마, 어머니
**ちち** 아빠, 아버지
**はいゆう** 배우
**〜くん** 〜군
**けいさつかん** 경찰

➡ **가족의 호칭** 50쪽 참고

**3**

쿄 네 마 데 　 센 세 – 쟈 　 나 깟 따 데 스
# きょねんまで せんせいじゃ なかったです。

작년까지 선생님이 아니었어요.

오 또 또 시
(1) おととし

모 데 루
モデル

쿄 네
(2) きょねん

다 이 각 세 –
だいがくせい

쿄 네
(3) きょねん

카 이 샤 인
かいしゃいん

센 게 쯔
(4) せんげつ

샤 쵸 –
しゃちょう

**단어**

おととし 재작년
だいがくせい 대학생
きのう 어제
せんげつ 지난달
しゃちょう 사장

**4**

쿄 네 　 지 꼬 가 　 아 리 마 시 따
# きょねん、じこが ありました。

작년에 사고가 있었어요.

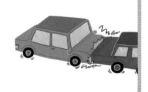

오 또 또 시
(1) おととし

지 신
じしん

키 노 –
(2) きのう

켓 꼰 시 끼
けっこんしき

쿄 네
(3) きょねん

카 지
かじ

키 노 –
(4) きのう

테 스 또
テスト

**단어**

じしん 지진
けっこんしき 결혼식
かじ 화재
テスト 테스트, 시험

# 도전! 실전 회화

やまだくんの ゆめは ピアニストですか。

いいえ、ピアニストでは ありません。

ぼくの ゆめは せんせいですが❶、

きょねんまで せんせいじゃ なかったです。

えっ？❷ それは どうしてですか。

なにか❸ ありましたか。

はい。きょねん、じこが ありました。

それは ざんねんですね❹。

その じこの まえの ゆめは なんでしたか。

サッカー せんしゅでした。

🍜 **단어 뜻을 적어보세요~**

| | | | |
|---|---|---|---|
| ～くん ～군 | ゆめ _____ | ピアニスト _____ | いいえ 아니요 (부정의 대답) |
| ぼく _____ | せんせい 선생님 | きょねん _____ | ～まで _____ |
| どうして 어째서, 왜 | はい 네 (긍정의 대답) | じこ _____ | まえ 전, 이전 |
| なん 무엇 | サッカー _____ | せんしゅ _____ | |

| 미애 | 야마다 군의 꿈은 피아니스트예요? |
|---|---|
| 야마다 | 아니요, 피아니스트가 아니에요. 제 꿈은 선생님인데요, 작년까지 선생님이 아니었어요. |
| 미애 | 네? 그건 어째서죠? 무슨 일 있었어요? |
| 야마다 | 네. 작년에 사고가 있었어요. |
| 미애 | 그거 안타깝네요. 그 사고 전의 꿈은 뭐였어요? |
| 야마다 | 축구 선수였어요. |

**❶ 〜ですが** 〜입니다만, 〜인데요
〜ですが는 '〜입니다만', '〜인데요'라는 뜻입니다.

**❷ えっ?** 네?
'네?', '뭐라고요?' 하고 깜짝 놀라 되묻는 말입니다.

**❸ なにか** 무언가
'무엇'이라는 뜻의 명사는 なん 또는 なに로 발음됩니다. '뭔가'라는 뜻이 될 때는 なにか가 되죠.

**❹ ざんねんですね** 안됐네요, 안타깝네요, 유감이네요
상대방에게 뭔가 안 좋은 일이 생긴 경우에 동조해 주거나 위로해 주는 표현입니다. 영어의 That's too bad.와 뜻이 비슷하죠. 종조사 ね는 감탄하거나 동의를 구할 때 쓰는데, '〜하네요', '〜하군요'라고 해석할 수 있습니다.

듣고 말하기 🎧 MP3 06-15

**1** 다음을 잘 듣고, 밑줄 친 곳에 들어갈 말을 적어 보세요.

1　　　　　　　　2　　　　　　　　3　　　　　　　　4

サッカーせん____　　　____ねん　　　__ __ですか。　　　__ん__んですね。

쓰고 말하기

**2** 다음 문장을 부정형으로 써 보고, 소리 내어 말해 보세요.

> 예　あの　ひとは　たなかくん<u>です</u>。
> → あの　ひとは　たなかくん<u>では　ありません</u>。

**1** かのじょは　モデルです。

➡ _____　그녀는 모델이 아닙니다.

**2** ぼくの　ゆめは　えいごの　せんせいでした。

➡ _____　제 꿈은 영어 선생님이 아니었습니다.

시험 대비 문법

**3** ★에 들어갈 알맞은 말을 고르세요.

**1** やまだくんの _____ _____ ＿＿★＿＿ _____。

① ありません　　② ゆめは　　③ ピアニスト　　④ では

**2** えっ？ _____ _____ ＿＿★＿＿ _____。

① どうして　　② それ　　③ は　　④ ですか

**3** きょねん＿＿★＿＿ _____ _____ _____です。

① せんせい　　② なかった　　③ じゃ　　④ まで

➡ 정답 212쪽

카 방　우 리 바 와
# かばん うりばは

온　까 이 데 스
# 4かいです。

가방 매장은 4층입니다.

이 가방은
얼마예요?

그건
5만 원인데요

MP3와 강의를
들어보세요!

## · 이렇게 공부하세요 ·

| 동영상 강의 | MP3 듣기 | 본책 학습 | 복습용 동영상 |
|---|---|---|---|
| ☐ ☐ ☐ | ☐ ☐ ☐ | ☐ ☐ ☐ | ☐ ☐ ☐ |

| 단어장 | 단어암기 동영상 | 쓰기 노트 |
|---|---|---|
| ☐ ☐ ☐ | ☐ ☐ ☐ | ☐ ☐ ☐ |

# 핵심 문장 익히기

🎧 **MP3** 07-01

**1**

카 방　　우 리 바 와　　난 가 이 데 스 까

## かばん　うりばは　なんがいですか。

| 가방 | | 매장 | 은 | 몇 층 | 입니까? |

## 숫자 읽기 **1~10**

숫자 읽기의 기본이 되는 숫자 1에서 10을 살펴봅시다. 4는 세 가지, 7과 9는 두 가지 읽는 법이 있습니다.

| 1 | 2 | 3 | 4 | 5 |
|---|---|---|---|---|
| いち | に | さん | し / よ / よん | ご |
| **6** | **7** | **8** | **9** | **10** |
| ろく | しち / なな | はち | きゅう / く | じゅう |

## なんがい 몇층

~かい(階)는 '~층'을 말합니다. '몇 층'은 なんがい 또는 なんかい라고 합니다. 이렇게 조수사와 숫자가 연결될 때는 발음의 변화가 생기기도 하므로 주의하셔야 합니다.

| 1층 | 2층 | 3층 | 4층 | 5층 |
|---|---|---|---|---|
| いっかい | にかい | さんがい | よんかい | ごかい |
| **6층** | **7층** | **8층** | **9층** | **10층** |
| ろっかい | ななかい | はちかい / はっかい | きゅうかい | じゅっかい / じっかい |

**숫자 0**

숫자 0은 읽는 법이 ゼロ, まる, れい의 세 가지가 있습니다.

**여러 가지 조수사**

예 いちまい(1枚) (종이)1장
にはい(2杯) (컵)2잔
さんさつ(3冊) (책)3권

➡ **조수사 총정리** 201쪽 참고

**단어**

**かばん** 가방
**うりば** 매장

### 공부한 내용을 확인해 보세요!

❶ かばん　うりばは ＿＿＿＿＿ですか。　가방 매장은 몇 층입니까?

❷ ＿＿＿＿＿です。　4층입니다.

**정답**

① なんがい　② よんかい

**2**

코 레 와   니 망 엔 데 스
# これは 2万円です。
に まん えん
| 이것 | 은 | 2만 | 엔 | 입니다. |

## 숫자 읽기 **10단위/100단위**

10단위의 숫자는 2~9 뒤에 じゅう를 붙이면 됩니다.

| 10 | 20 | 30 | 40 | 50 |
|---|---|---|---|---|
| じゅう | にじゅう | さんじゅう | よんじゅう | ごじゅう |
| **60** | **70** | **80** | **90** | **何十** |
| ろくじゅう | ななじゅう | はちじゅう | きゅうじゅう | なんじゅう |

100단위의 숫자는 앞에 오는 숫자에 따라 읽는 법이 ひゃく・びゃく・ぴゃく의 세 가지가 있습니다. 특히 읽는 법이 예외적인 300, 600, 800을 잘 알아둡시다.

| 100 | 200 | 300 | 400 | 500 |
|---|---|---|---|---|
| ひゃく | にひゃく | さんびゃく | よんひゃく | ごひゃく |
| **600** | **700** | **800** | **900** | **何百** |
| ろっぴゃく | ななひゃく | はっぴゃく | きゅうひゃく | なんびゃく |

**〜円**

일본의 통화 단위는 えん(円)입니다. 우리나라의 '원'은 ウォン으로 표기합니다.

100엔　ひゃくえん
1,000엔　せんえん(千円)
10,000엔　いちまんえん(一万円)

**숫자 '천'과 '만'**

숫자 '천'은 せん(千),
'만'은 まん(万)이라고 합니다.

➔ **숫자 총정리** 198쪽 참고

**단어**

**これ** 이것
**〜まん**(万) 〜만
**〜えん**(円) 〜엔
**〜せん**(千) 〜천
**いちまん**(一万) 1만

### 공부한 내용을 확인해 보세요!

❶ これは _____ です。　이것은 7만 엔입니다.

❷ _____ です。　300엔입니다.

**정답**
① ななまんえん
② さんびゃくえん

MP3 07-03

**3**

<sup>난 지 까 라</sup> **なんじから** <sup>난 지 마 데 데 스 까</sup> **なんじまでですか。**

| 몇시 | 부터 | | 몇시 | 까지 | 입니까? |

## 시간 말하기

'~時(~시)'는 앞에 오는 숫자에 관계없이 모두 じ라고 읽습니다. 특히 4시, 7시, 9시는 읽는 법에 주의하세요.

'~分(~분)'은 앞에 오는 숫자에 따라 ふん 또는 ぷん으로 읽습니다. 읽는 법의 규칙이 없으므로 정확히 암기해 두어야 합니다.

| 1분 | 2분 | 3분 | 4분 | 5분 |
|------|------|------|------|------|
| いっぷん | にふん | さんぷん | よんぷん | ごふん |
| **6분** | **7분** | **8분** | **9분** | **10분** |
| ろっぷん | ななふん | はちふん /<br>はっぷん | きゅうふん | じゅっぷん /<br>じっぷん |

### 공부한 내용을 확인해 보세요!

❶ じかんは ＿＿＿＿＿ からですか。 시간은 몇 시부터예요?

❷ いま 7時(＿＿＿＿)30分(＿＿＿＿＿＿＿) です。 지금 7시 30분입니다.

**4**

야 스 미 와   계 쯔 요 – 비 데 스

# やすみは げつようびです。

| 휴일 | 은 | 월요일 | 입니다. |

## 요일 말하기

| 월요일 | 화요일 | 수요일 | 목요일 |
|---|---|---|---|
| げつようび<br>月曜日 | かようび<br>火曜日 | すいようび<br>水曜日 | もくようび<br>木曜日 |

| 금요일 | 토요일 | 일요일 | |
|---|---|---|---|
| きんようび<br>金曜日 | どようび<br>土曜日 | にちようび<br>日曜日 | |

무슨 요일  なんようび(何曜日)

**예** **きょうは なんようびですか。** 오늘은 무슨 요일입니까?
**すいようびです。** 수요일입니다.

**왕초보 탈출 tip**

'무엇', '몇'이라는 뜻의 何은 뒤에 오는 말에 따라 なん 또는 なに로 발음됩니다. 일반적으로 なん의 경우엔 '몇', なに의 경우엔 '무엇'이라고 해석됩니다.

**예** **なんじ**(何時) 몇 시
**なんぷん**(何分) 몇 분
**なんがい**(何階) 몇 층
**なにか**(何か) 뭔가
**なにが**(何が) 무엇이

**단어**

**やすみ** 휴일, 휴가, 쉬는 날
**きょう** 오늘
**~と** ~와/과 (조사)

**공부한 내용을 확인해 보세요!**

❶ _____ は なんようびですか。 휴일은 무슨 요일이에요?

❷ **土曜日(_____)と 日曜日(_____)です。**
토요일과 일요일이에요.

**정답**

① やすみ

② どようび / にちようび

# 리얼 회화 연습

🎧 **MP3** 07-05 들어 보기　🎙 **MP3** 07-06 회화 훈련

**1**

A 　이마　난 지데스까
　**いま　なんじですか。** 지금 몇 시예요?

B 　산 지　니 줍 뿐데스
　**3時　20分です。** 3시 20분이에요.
　さん じ　　にじゅっぷん

(1) 　요 지　산줍 뿐
　**4時　30分**
　よ じ　さんじゅっぷん

(2) 　시찌지　줍 뿐
　**7時　10分**
　しち じ　じゅっ ぷん

(3) 　쿠 지　욘줍 뿐
　**9時　40分**
　く じ　よんじゅっぷん

(4) 　쥬-이찌지　고줍 뿐
　**11時　50分**
　じゅういち じ　ごじゅっぷん

**단어**

**いま** 지금

🎧 **MP3** 07-07 들어 보기　🎙 **MP3** 07-08 회화 훈련

**2**

에 - 교 - 지 깡　와　난 지 까라
**えいぎょうじかんは　なんじから**

난 지마데데스까
**なんじまでですか。** 영업시간은 몇 시부터 몇 시까지예요?

open 10:30 AM
close 8:00 PM

(1) 　콤 비니
　**コンビニ**

(2) 　깅 꼬-
　**ぎんこう**

(3) 　데 파 - 또
　**デパート**

(4) 　유 - 빙 교 꾸
　**ゆうびんきょく**

**단어**

**えいぎょう** 영업
**じかん** 시간
**コンビニ** 편의점
**ぎんこう** 은행
**デパート** 백화점
**ゆうびんきょく** 우체국

**3**

코 노　카 방 와　이 꾸 라 데 스 까
**A この かばんは いくらですか。**

이 가방은 얼마예요?

니 망 엔 데 스
**B 2万円です。** 2만 엔이에요.
　　に まん えん

| | | | |
|---|---|---|---|
| (1) | 코 노　카 사<br>**この かさ** | 고 센　원<br>**5千ウォン**<br>ご せん | |
| (2) | 소 노　토 께 -<br>**その とけい** | 나나 망　원<br>**7万ウォン**<br>なな まん | |
| (3) | 코 노　후 꾸<br>**この ふく** | 센　엔<br>**1000円**<br>せん　えん | |
| (4) | 코 노　쿠 쯔<br>**この くつ** | 이찌 망 엔<br>**1万円**<br>いち まん えん | |

**단어**

この〜 이〜
いくらですか 얼마입니까?
かさ 우산
ウォン 원 (한국 통화 단위)
その〜 그〜
とけい 시계
ふく 옷
くつ 신발, 구두

**4**

야 스 미 와　게 쯔 요 - 비 데 스
**やすみは げつようびです。**

휴일은 월요일이에요.

| | | |
|---|---|---|
| (1) | 야 스 미<br>**やすみ** | 니 찌요 - 비 마 데<br>**にちようびまで** |
| (2) | 각 꼬 -<br>**がっこう** | 쿠 지 까 라<br>**9時から**<br>く じ |
| (3) | 콤 비 니<br>**コンビニ** | 니쥬 -요 지 깡<br>**24 じかん**<br>にじゅうよ |
| (4) | 카 이 샤<br>**かいしゃ** | 쿠 지 까 라 로꾸 지 마 데<br>**9時から 6時まで**<br>く じ　　ろく じ |

**단어**

にちようび 일요일
がっこう 학교
かいしゃ 회사

# 도전! 실전 회화

🎧 MP3 07-13 들어 보기　🎤 MP3 07-14 회화 훈련

아노ー　가방　우리바와　난가이데스까
あのう、かばん うりばは なんがいですか。

욘까이데스
4かいです。
よん

아노ー　스미마셍　코노　카방　와　이꾸라데스까
あのう、すみません❶。この かばんは いくらですか❷。

소레와고망　원　데스가　아시따까라　세ー루데스요
それは 5万ウォンですが、あしたから セールですよ。
ご まん

아　소ー데스까
あ、そうですか❸。

에ー교ー지깐와　난　지까라　난　지마데데스까
えいぎょうじかんは なんじから なんじまでですか。

쥬ー지까라　하찌지마데데스
10時から 8時までです。
じゅう じ　　　　　はち じ

야스미와　난　요ー비데스까
やすみは なんようびですか。

게쯔요ー비데스
げつようびです。

소ー데스까　아리가또ー　고자이마스
そうですか。ありがとうございます。

## 단어 뜻을 적어보세요~

| | | | |
|---|---|---|---|
| あのう 저…, 저기요 | かばん _____ | うりば 매장 | なんがい(何階) _____ |
| この~ 이~ | ウォン 원(한국 통화 단위) | あした 내일 | ~から _____ |
| セール 세일 | えいぎょうじかん 영업시간 | なんじ(何時) _____ | ~まで _____ |
| やすみ _____ | なんようび(何曜日) 무슨 요일 | げつようび(月曜日) _____ | |

| 미애 | 저기, 가방 매장은 몇 층이에요? |
|---|---|
| 행인 | 4층이에요. |
| 미애 | 저…, 저기요. 이 가방은 얼마예요? |
| 점원 | 그건 5만 원인데요, 내일부터 세일이에요. |
| 미애 | 아, 그래요?<br>영업시간은 몇 시부터 몇 시까지예요? |
| 점원 | 10시부터 8시까지예요. |
| 미애 | 휴일은 무슨 요일이에요? |
| 점원 | 월요일이에요. |
| 미애 | 그래요? 감사합니다. |

❶ すみません 저기요
すみません은 '미안합니다' 외에도 '저기요'라는 뜻도 있습니다. 상점에서 점원을 부르거나 누군가에게 길을 물어볼 때도 많이 씁니다.

❷ いくらですか 얼마입니까?
가격을 물어보는 표현입니다. いくら는 '얼마'라는 뜻이죠.

❸ そうですか 그렇습니까?, 그래요?
そうですか는 회화에서 정말 많이 쓰는 표현 중에 하나입니다. 여기서는 '그렇습니까?', '그래요?'라는 뜻인데, 상황에 따라 '그렇군요'라는 뜻을 나타내기도 합니다.

듣고 말하기   🎧 MP3 07-15

**1** 다음을 잘 듣고, 밑줄 친 곳에 들어갈 말을 적어 보세요.

1   かばん　うりばは　_____です。

2   あのう、す_____。

3   いま　_____　さんじっぷんです。

4   やすみは　なん_____ですか。

쓰고 말하기

**2** 밑줄 친 부분에 들어갈 말을 적고, 소리 내어 말해 보세요.

1   A: きょうは　なんようびですか。

    B: _____です。  월요일이에요.

2   A: やすみの　じかんは　なんじから　なんじまでですか。

    B: _____から　_____までです。  12시부터 1시까지예요.

3   A: _____　かばんは　_____ですか。  이 가방은 얼마예요?
    <ruby>さんまんえん</ruby>
    B: 3万円です。

시험 대비 문법

**3** ★에 들어갈 알맞은 말을 고르세요.

1   _____ _____ __★__ _____ですか。

    ① は   　　② この   　　③ いくら   　　④ かばん

2   あのう、_____ _____ __★__ _____か。

    ① かばん   ② です   　③ うりばは   ④ なんがい

3   ゆうびんきょくは _____ __★__ _____ _____です。

    ① くじ   　② から   　③ ごじ   　　④ まで

→ 정답 212쪽

# Day 08

월 일

탄 죠- 비 와
誕生日は
たん じょう び

시 가쯔 니쥬-욧까 데 스
4月24日です。
し がつ にじゅうよっか

생일은 4월 24일입니다.

생일은
언제예요?

4월 24일
이에요

· 이렇게 공부하세요 ·

동영상 강의    MP3 듣기    본책 학습    복습용 동영상
□□□        □□□       □□□       □□□

단어장    단어암기 동영상    쓰기 노트
□□□      □□□          □□□

# 핵심 문장 익히기

**1**

탄 죠- 비 와　시 가쯔 니쥬- 욧까　데 스
# 誕生日は　4月24日です。
たんじょうび　し　がつにじゅうよっか
| 생일 | 은 | 4월 | 24일 | 입니다. |

## 〜月(がつ) 〜월

'월(月)'은 앞에 오는 숫자에 관계없이 모두 がつ라고 읽습니다.

| 1월 | 2월 | 3월 | 4월 | 5월 | 6월 |
|---|---|---|---|---|---|
| いちがつ | にがつ | さんがつ | しがつ | ごがつ | ろくがつ |
| **7월** | **8월** | **9월** | **10월** | **11월** | **12월** |
| しちがつ | はちがつ | くがつ | じゅうがつ | じゅういちがつ | じゅうにがつ |

## 〜日(にち) 〜일

| 1일 | 2일 | 3일 | 4일 | 5일 |
|---|---|---|---|---|
| ついたち | ふつか | みっか | よっか | いつか |
| **6일** | **7일** | **8일** | **9일** | **10일** |
| むいか | なのか | ようか | ここのか | とおか |

11일부터 '〜일(日)'은 앞에 오는 숫자에 관계없이 にち라고 읽습니다. 14일, 20일, 24일은 예외적이므로 주의하여 알아둡시다.

| 11일 | 12일 | 13일 | 14일 | 15일 |
|---|---|---|---|---|
| じゅういちにち | じゅうににち | じゅうさんにち | じゅうよっか | じゅうごにち |
| **16일** | **17일** | **18일** | **19일** | **20일** |
| じゅうろくにち | じゅうしちにち | じゅうはちにち | じゅうくにち | はつか |
| **21일** | **22일** | **23일** | **24일** | **30일** |
| にじゅういちにち | にじゅうににち | にじゅうさんにち | にじゅうよっか | さんじゅうにち |

**'언제입니까?'**

날짜가 언제인지 물어볼 때는 いつですか라고 합니다.

📌 誕生日は いつですか。
　생일은 언제입니까?

**왕초보 탈출 tip**

몇 월 何月
なんがつ
며칠 何日
なんにち

➡ **날짜 총정리** 200쪽 참고

**단어**

誕生日(たんじょうび) 생일

**2**

라이 슈— 노　　탄 죠— 비 데　　하 따 찌 데 스
# 来週の　誕生日で　はたちです。
らい　しゅう　　　　たん　じょう　び
다음 주　(의)　　　　생일　　로　　　　스무 살　　입니다.

---

## 〜週(しゅう) 〜주

| 지지난주 | 지난주 | 이번주 | 다음 주 | 다다음주 |
|---|---|---|---|---|
| せんせんしゅう<br>先々週 | せんしゅう<br>先週 | こんしゅう<br>今週 | らいしゅう<br>来週 | さらいしゅう<br>再来週 |

---

## 〜歳(さい) 〜살

'〜살'이라고 나이를 말할 때는 숫자 뒤에 歳(さい) 또는 才(さい)를 붙입니다. 예외적으로 '스무 살'은 はたち라고 합니다. 나이를 물어볼 때는 おいくつですか라고 합니다.

예 **おじいさんは おいくつですか。** 할아버님은 (연세가) 몇 세이십니까?

ひゃく　さい
**100歳です。** 100살이십니다.

じゅっさい
**10歳** 10살

ごじゅうごさい
**55才** 55살

**'몇 살입니까?'**

いくつ는 원래 '몇 개'라는 뜻인데, おいくつですか라고 하면 '몇 살입니까?'라는 뜻이 됩니다.

**단어**

**来週**(らいしゅう) 다음 주

**〜で** 〜으로(조사)

**はたち**(20歳・才) 스무 살

**おじいさん** 할아버지

---

### 공부한 내용을 확인해 보세요!

❶ _____ **ですか。** 몇 살입니까?

せんしゅう　　　　　　　　　　　　　　　　らいしゅう
❷ **先週** 지난주 ― _____ 이번 주 ― **来週** 다음 주

**정답**
① おいくつ　② 今週(こんしゅう)

🎧 MP3 08-03

**3**

테 스 또 와　고 젠 데　　파 - 티 - 와　고 고 데 스
# テストは 午前で、パーティーは 午後です。
　　　　　ご ぜん　　　　　　　　　　　　　　ご ご

| 시험 | 은 | 오전 | 이고, | 파티 | 는 | 오후 | 입니다. |

---

## ～で ～이고

여기서의 ～で는 '～이고'라는 뜻으로, 두 문장을 연결해 주는 역할을 합니다.

📝 **この 人は 田中さんで、あの 人は 山田さんです。**
　　　ひと　　た なか　　　　　ひと　　やま だ

이 사람은 다나카 씨이고, 저 사람은 야마다 씨입니다.

**田中さんは 先生で、山田さんは 会社員です。**
た なか　　　せんせい　　やま だ　　　かいしゃいん

다나카 씨는 선생님이고, 야마다 씨는 회사원입니다.

**왕초보 탈출 tip**

～で가 조사로 쓰일 때는 '～에서', '～으로'라는 뜻입니다.

## 때를 나타내는 표현 (2)

| 오전 | 오후 | 아침 | 낮 | 밤 |
|------|------|------|------|------|
| ごぜん | ごご | あさ | ひる | よる |
| 午前 | 午後 | 朝 | 昼 | 夜 |

➡️ **때를 나타내는 표현 (1)**
61쪽 참고

**단어**

**テスト** 테스트, 시험
**午前**(ごぜん) 오전
**パーティー** 파티
**午後**(ごご) 오후
**人**(ひと) 사람
**先生**(せんせい) 선생님
**会社員**(かいしゃいん) 회사원

---

### 공부한 내용을 확인해 보세요!

❶ **この 人は 田中さん＿＿＿、あの 人は 山田さんです。**
　　　ひと　　た なか　　　　　　ひと　　やま だ

이 사람은 다나카 씨이고, 저 사람은 야마다 씨입니다.

❷ **テストは ＿＿＿＿＿で、パーティーは ＿＿＿＿＿です。**

시험은 오전이고, 파티는 오후입니다.

**정답**
① で　② 午前 / 午後
　　　　　ご ぜん　ご ご

80

**4**

케 ― 따 이 노　방 고― 와
# ケータイの　番号は
ばんごう

| 휴대폰 | (의) | 번호 | 는 |

제로 이찌 제로 노 니― 산 욘 고― 노 로꾸 나나 하찌 큐― 데 스
# 010-2345-6789です。
ゼロいちゼロ の にーさんよんごー のろくなななちきゅう

| 010-2345-6789 | | 입니다. |

## 전화번호 말하기

1 모든 숫자들을 하나씩 따로따로 읽습니다.

2 하이픈(―)으로 표시되는 부분은 の로 읽습니다.

3 음이 1박자인 2(に), 5(ご)는 2박자로 늘려 にー, ごー로 읽습니다.

4 읽는 법이 둘 이상인 4(し·よ·よん)는 よん으로, 7(しち·なな)은 なな로,
9(きゅう·く)는 きゅう로만 읽습니다.

5 0은 주로 ゼロ로 읽습니다.

**예** 010 ― 9876 ― 5432
ゼロいちゼロの　きゅうはちななろくの　ごーよんさんにー

**'몇 번입니까?'**

전화번호를 물어볼 때는
何番ですかと 합니다.
なんばん

**예** 電話番号は 何番ですか。
でんわ ばんごう なんばん
전화번호는 몇 번입니까?

### 단어

**ケータイ** 휴대폰
※ '휴대(けいたい)＋전화(電話)'에서
'전화(電話)'가 생략된 형태로, 보통
ケータイ로 표기합니다.

**番号**(ばんごう) 번호
**何番**(なんばん) 몇 번
**電話**(でんわ) 전화

---

　**공부한 내용을 확인해 보세요!**

❶ ＿＿＿＿＿＿＿ は　何番ですか。 휴대폰 번호는 몇 번입니까?
なんばん

❷ 010-2435-7968(＿＿＿＿＿＿＿)です。 010-2435-7968예요.

### 정답
① ケータイの 番号
ばんごう
② ゼロいちゼロの にーよんさん
ごーの ななきゅうろくはち

# 리얼 회화 연습

🎧 MP3 08-05 들어 보기   🎤 MP3 08-06 회화 훈련

**1**

A 　탄죠-비 와　이쯔데스까
　　**誕生日**は　いつですか。　생일은 언제예요?
　　たんじょう び

B 　시 가쯔 니쥬-욧까 데 스
　　**4月24日**です。　4월 24일이에요.
　　し がつにじゅうよっか

(1) 　탄죠-비　　　　　니 가쯔 토-까
　　**誕生日**　　　　**2月10日**
　　たんじょう び　　に がつ とおか

(2) 　켓 꼰시끼　　　　　시찌가쯔 산쥬-이찌니찌
　　**結婚式**　　　　**7月31日**
　　けっこんしき　　　しち がつさんじゅういちにち

(3) 　뉴-가꾸시끼　　　　시 가쯔 츠이따찌
　　**入学式**　　　　**4月1日**
　　にゅうがくしき　　し がつついたち

(4) 　코 도모 노 히　　　고 가쯔 이쯔까
　　**子供の日**　　　**5月5日**
　　こ ども ひ　　　ご がつ いつか

**단어**

いつですか 언제입니까?
**結婚式**(けっこんしき) 결혼식
**入学式**(にゅうがくしき) 입학식
**子供**(こども)**の日**(ひ) 어린이날

🎧 MP3 08-07 들어 보기   🎤 MP3 08-08 회화 훈련

**2**

A 　카노죠와　오 이 꾸쯔 데 스까
　　**彼女**は　おいくつですか。　여자 친구는 몇 살이에요?
　　かのじょ

B 　카 노 죠와　하 따 찌 데스
　　**彼女**は　**はたち**です。　여자 친구는 스무 살이에요.
　　かのじょ

(1) 　센 세-　　　　　센 세-　　　　산쥿 사이
　　**先生**　　　　**先生**　　　　**30歳**
　　せんせい　　　せんせい　　　さんじゅっさい

(2) 　단 나 상　　　　단 나　　　　산쥬-고 사이
　　**だんなさん**　**だんな**　　**35歳**
　　　　　　　　　　　　　　　　さんじゅうごさい

(3) 　무스메 상　　　　무스메　　　　쥿 사이
　　**娘さん**　　　　**娘**　　　　**10歳**
　　むすめ　　　　　むすめ　　　　じゅっさい

(4) 　오 바- 상　　　　소 보　　　　로꾸쥬-고 사이
　　**おばあさん**　　**そぼ**　　　**65歳**
　　　　　　　　　　　　　　　　ろくじゅうごさい

**단어**

**彼女**(かのじょ) 여자 친구, 그녀
おいくつですか? 몇 살입니까?
**だんな** 남편
**娘**(むすめ) 딸
**おばあさん** 할머니
**そぼ** 할머니, 조모

➡ **가족의 호칭** 50쪽 참고

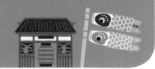

**3**

테 스 또 와　　고 젠 데　　파 - 티 - 와　　고 고 데 스
## テストは　午前で、パーティーは　午後です。
ごぜん　　　　　　　　　　　ごご

시험은 오전이고, 파티는 오후예요.

| | | | |
|---|---|---|---|
| (1) | 아사<br>**朝**<br>あさ | 요루<br>**夜**<br>よる | |
| (2) | 쿄-<br>**きょう** | 아시따<br>**あした** | |
| (3) | 킨 요- 비<br>**金曜日**<br>きんよう び | 도 요- 비<br>**土曜日**<br>どようび | |
| (4) | 콘 슈-<br>**今週**<br>こんしゅう | 라 이 슈-<br>**来週**<br>らいしゅう | |

**단어**

**朝**(あさ) 아침
**夜**(よる) 저녁, 밤
**きょう** 오늘
**あした** 내일
**金曜日**(きんようび) 금요일
**土曜日**(どようび) 토요일
**今週**(こんしゅう) 이번 주
**来週**(らいしゅう) 다음 주

**4**

케 - 따 이 노　　방 고 -　　와　　난 방 데 스 까
## A ケータイの　番号は　何番ですか。
ばんごう　　なんばん

휴대폰 번호는 몇 번이에요?

제로 이찌 제로　노 니- 산　온 고- 노　로꾸나나하찌 큐-　데 스
## B 010-2345-6789です。
ゼロいちゼロ の にーさんよんごー の ろくななはちきゅう

010-2345-6789예요.

| | | | |
|---|---|---|---|
| (1) | 케 - 따 이 노　방 고 -<br>**ケータイの　番号**<br>ばんごう | 제로이찌제로 노 욘이찌이찌산 노 제로로꾸니-나나<br>**010-4113-0627**<br>ゼロいちゼロ のよんいちいちさんの ゼロろくにーなな | |
| (2) | 뎅 와 방 고 -<br>**電話番号**<br>でんわ ばんごう | 고-하찌제로 노 로꾸큐-나나 산<br>**580-6973**<br>ごーはちゼロ のろくきゅうななさん | |
| (3) | 미세 노　방 고 -<br>**店の　番号**<br>みせ　ばんごう | 큐-하찌나나로꾸 노 고- 욘 산 니-<br>**9876-5432**<br>きゅうはちななろく の ごーよんさんにー | |
| (4) | 키 무 상 노　방 고 -<br>**キムさんの　番号**<br>ばんごう | 제로 산 이찌 노 니- 산 로꾸 하찌 노 산 고- 나나 큐-<br>**031-2368-3579**<br>ゼロさんいち の にーさんろくはち の さんごーななきゅう | |

**단어**

**何番**(なんばん) 몇 번
**電話**(でんわ) 전화
**店**(みせ) 가게

카노죠노　오 탄죠-비　와 이쯔데스까
彼女の お誕生日❶は いつですか。
かのじょ　たんじょう び

시가쯔 니쥬-욧까 데스
４月２４日です。
し がつにじゅうよっか

모 - 스구데스네　카노죠와　오 이꾸쯔데스까
もうすぐですね。彼女は おいくつですか。
かのじょ

라이슈-노　탄죠-비데　하따찌데스
来週の 誕生日で はたちです。
らいしゅう　たんじょう び

잇　쇼 니 파 - 티 - 도 - 데 스 까
いっしょに パーティー どうですか❷。

이 - 데 스 네　데 모　소 노 히 와 테 스 또 가 아 리 마 스 요
いいですね❸。でも、その日は テストが ありますよ。
ひ

테 스 또 와 고 젠 데　탄 죠 - 비 파 - 티 - 와 요루데스
テストは 午前で、誕生日 パーティーは 夜です。
ご ぜん　たんじょう び　よる

소 - 데 스 까　와따시노 케 - 따이노　방 고 - 와
そうですか。私の ケータイの 番号は
わたし　ばん ごう

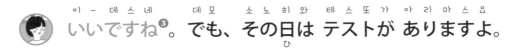

제로이찌제로노 니 - 산 욘 고 - 노 로꾸나나하찌큐 - 데 스　렌 라꾸 쿠 다 사 이
010-2345-6789です。連絡 ください。
ゼロいちゼロのに―さんよんご―のろくななはちきゅう　れん らく

---

🍜 **단어 뜻을 적어보세요~**

| | | | |
|---|---|---|---|
| 彼女(かのじょ) 여자친구, 그녀 | いつですか 언제입니까? | もうすぐ 이제 곧, 금방 | おいくつですか 몇 살입니까? |
| 来週(らいしゅう) _____ | ～で ～으로 (조사) | はたち _____ | いっしょに 함께, 같이 |
| パーティー _____ | でも 하지만 | その日(ひ) 그날 | テスト _____ |
| 午前(ごぜん) _____ | 夜(よる) 밤 | 私(わたし) 나 | ケータイ _____ |
| 番号(ばんごう) _____ | 連絡(れんらく) 연락 | ください 주세요 | |

84

| 미애 | 여자 친구 생일은 언제예요? |
|---|---|
| 야마다 | 4월 24일이에요. |
| 미애 | 이제 곧이네요. 여자 친구는 몇 살이에요? |
| 야마다 | 다음 주 생일 이후로 스무 살이에요.<br>같이 파티 어때요? |
| 미애 | 좋아요. 하지만 그날은 시험이 있어요. |
| 야마다 | 시험은 오전이고, 생일 파티는 밤이에요. |
| 미애 | 그래요? 제 휴대폰 번호는<br>010-2345-6789예요. 연락 주세요. |

❶ お誕生日 생일, 생신
접두어 お는 명사 앞에 붙어서 존경이나 공손을 나타내거나 부드럽게 꾸며 줍니다.

❷ どうですか 어떻습니까?
상대방의 의향을 묻는 표현으로, 더욱 공손하게 말할 때는 いかがですか라고 합니다. '어땠습니까?'라고 과거의 일에 대해 물어볼 때는 どうでしたか라고 합니다.

❸ いいですね 좋아요
상대방이 의향을 물어봤을 때 좋다고 대답할 경우 いいですね를 쓸 수 있습니다. いい는 '좋다'라는 뜻의 형용사로, Day 09에서 자세히 알아보겠습니다. (91쪽)

！

実力確認하기

듣고 말하기 🎧 MP3 08-15

**1** 다음을 잘 듣고, 밑줄 친 곳에 들어갈 말을 적어 보세요.

1 ＿＿＿＿＿＿＿＿＿ ください。

2 もう ＿＿＿＿＿ですね。

3 ＿＿＿＿＿＿＿＿に どうですか。

4 お＿＿＿＿＿＿＿＿は いつですか。

쓰고 말하기

**2** 밑줄 친 부분에 들어갈 말을 적고, 소리 내어 말해 보세요.

1 A: 卒業式（そつぎょうしき）は いつですか。

B: ＿＿＿＿＿＿＿＿＿＿＿＿＿です。 2월 21일입니다.

2 A: ＿＿＿＿＿は ＿＿＿＿＿ですか。 여자 친구는 몇 살이에요?

B: 来週（らいしゅう）の 誕生日（たんじょうび）で はたちです。

3 A: ケータイの 番号（ばんごう）は 何番（なんばん）ですか。

B: ＿＿＿＿＿＿＿＿＿＿＿＿＿です。 010-7924-6835입니다.

시험 대비 문법

**3** ★에 들어갈 알맞은 말을 고르세요.

1 ＿＿＿＿ ＿＿＿＿、 ＿＿★＿＿ ＿＿＿＿です。

① パーティーは　② テストは　③ 午前で　④ 午後

2 ＿＿★＿＿、 ＿＿＿＿ ＿＿＿＿ ＿＿＿＿。

① でも　② あります　③ テストが　④ その日は

3 ＿＿＿＿ ＿＿★＿＿ ＿＿＿＿ ＿＿＿＿ですか。

① 何日　② 何月　③ 誕生日は　④ 先生の

➡ 정답 212쪽

# Day 09

아마리 오이시꾸
# あまり おいしく
아리마 셍
# ありません。

별로 맛이 없습니다.

우동집

아니요,
그다지…

건너편 우동집,
맛있나요?

---

MP3와 강의를
들어보세요!

## · 이렇게 공부하세요 ·

| 동영상 강의 | MP3 듣기 | 본책 학습 | 복습용 동영상 |
|---|---|---|---|
|  |  | | |
| □□□ | □□□ | □□□ | □□□ |

| 단어장 | 단어암기 동영상 | 쓰기 노트 |
|---|---|---|
|  |  | |
| □□□ | □□□ | □□□ |

# 핵심 문장 익히기

**①**

아 소 꼬 노　우 동 야 와　오 이 시 - 데 스 까

# あそこの　うどんやは　おいしいですか。

| 저기 | (의) | 우동집 | 은 | 맛있 | 습니까? |

## い형용사

어미가 い로 끝나는 형용사를 い형용사라고 합니다. 정중하게 표현하려면 기본형에 です를 붙입니다. 의문형으로 만들 때는 뒤에 か만 붙여 주면 됩니다.

- 예 **おいしい** 맛있다 ➡ **おいしい**です 맛있습니다
  **おいしい**ですか 맛있습니까?

  **うれしい** 기쁘다 ➡ **うれしい**です 기쁩니다
  **うれしい**ですか 기쁩니까?

## い형용사 + 명사　い형용사의 명사 수식

い형용사는 뒤에 오는 명사를 수식할 경우, 기본형 그대로 뒤에 오는 명사를 수식합니다. 즉, 기본형과 명사 수식형의 형태가 똑같습니다.

- 예 **あたたかい** うどん 따뜻한 우동
  うどんが **あたたかい**。 우동이 따뜻하다.

### 공부한 내용을 확인해 보세요!

**❶** _____ うどん 맛있는 우동

**❷** うどんが _____ です。 우동이 따뜻합니다.

---

**왕초보 탈출 tip**

일본어에는 두 가지의 형용사가 있습니다. い형용사와 な형용사.

Day 09에서는 い형용사를 공부하고, な형용사는 Day 10에서 공부하겠습니다.

➔ な형용사 98쪽 참고

**단어**

**あそこ** 저기
**うどんや** 우동집, 우동 가게
**おいしい** 맛있다
**うれしい** 기쁘다
**あたたかい** 따뜻하다
**うどん** 우동

**정답**
① おいしい　② あたたかい

**2**

아 마 리　　오 이 시 꾸　　나 이 데 스
# あまり　おいしく　ないです。
그다지　　　　　맛있　　지　　　않습니다.

## 〜く ないです 〜하지 않습니다　い형용사의 부정형

い형용사를 '〜하지 않다'라는 뜻의 부정형으로 만들 때는 어미 い를 く로 바꾸고 な
い를 붙여서 〜く ない라고 하면 됩니다. 그 뒤에 です만 붙여서 〜く ないです라
고 하면 '〜하지 않습니다'라는 뜻의 정중한 부정 표현이 되는데, 〜く ありません이
라고 해도 같은 뜻입니다.

예　さむい 춥다　➡　さむく ない　춥지 않다

　　　　　　　　＝　さむく ないです　춥지 않습니다
　　　　　　　　　　さむく ありません

　　あつい 덥다　➡　あつく ない　덥지 않다

　　　　　　　　＝　あつく ないです　덥지 않습니다
　　　　　　　　　　あつく ありません

## あまり 〜ない 별로 〜하지 않다

あまり는 '그다지', '별로'라는 뜻의 부사로, 뒤에는 부정 표현이 나옵니다.

예　あまり おいしく ない。별로 맛있지 않다.

　　あまり さむく ないです。그다지 춥지 않습니다.

**단어**

**あまり** 그다지, 별로
**さむい** 춥다
**あつい** 덥다

📖 공부한 내용을 확인해 보세요!

❶　あまり ＿＿＿＿＿＿ ないです。　별로 춥지 않습니다.

❷　＿＿＿＿＿＿ あつく ありません。　별로 덥지 않습니다.

**정답**
① さむく　② あまり

🎧 MP3 09-03

**3**

타 노 시 꾸 떼　오 모 시 로　깟 따 데 스
# たのしくて　おもしろかったです。

즐겁　고　재미있　었습니다.

---

## 〜くて　〜하고, 〜해서　い형용사의 연결

い형용사 뒤에 다른 말을 연결하여 '〜하고', '〜해서'와 같은 뜻으로 만들려면, 어미 い를 빼고 くて를 붙입니다. 앞뒤 말을 서로 연결하거나 나열할 경우에 씁니다.

例　**たのしい** 즐겁다　➡　**たのしくて** 즐겁고, 즐거워서

**おいしい** 맛있다　➡　**おいしくて** 맛있고, 맛있어서

**たのしい ＋ おもしろい**　➡　**たのしくて おもしろい**
즐겁다　　재미있다　　　　　　즐겁고 재미있다

---

## 〜かったです　〜했습니다　い형용사의 과거형

い형용사를 '〜했다'라는 뜻의 과거형으로 만들 때는 어미 い를 빼고 かった를 붙여서 〜かった라고 합니다. 이 뒤에 です를 붙여서 〜かったです라고 하면 '〜했습니다'라는 뜻의 정중한 표현이 됩니다.

例　**おもしろい** 재미있다　➡　**おもしろかった** 재미있었다
　　　　　　　　　　　　　　　**おもしろかったです** 재미있었습니다

**さむい** 춥다　➡　**さむかった** 추웠다
　　　　　　　　　**さむかったです** 추웠습니다

**왕초보 탈출 tip**

〜かったです를 〜でした라고 하지 않도록 주의하세요.

例　おもしろいでした(×)
　　さむいでした(×)

**단어**

たのしい 즐겁다
おもしろい 재미있다
いい 좋다
きのう 어제

---

### 공부한 내용을 확인해 보세요!

❶ _____ おもしろかったです。 즐겁고 재미있었습니다.

❷ きのうは _____ です。 어제는 추웠습니다.

**정답**

① たのしくて
② さむかった

**4**

텡 끼 와    아 마 리    요 꾸    나    깟 따 데 스
# 天気は　あまり　よく　なかったです。
てん き

| 날씨 | 는 | | 별로 | | 좋 | 지 | | 않았습니다. |

## ～く なかったです ～하지 않았습니다　い형용사의 과거 부정형

い형용사의 과거 부정형은 어미 い를 く로 바꾸고 なかった를 붙여서 ～く なかった라고 합니다. 그 뒤에 です만 붙여서 ～く なかったです라고 하면 '～하지 않았습니다'라는 뜻의 정중한 과거 부정 표현이 되는데, ～く ありませんでした라고 해도 같은 뜻입니다.

예 **むずかしく なかった** 어렵지 않았다

= **むずかしく なかったです** 어렵지 않았습니다
  **むずかしく ありませんでした**

## よく なかった 좋지 않았다

'좋다'라는 뜻의 い형용사는 いい와 よい 두 가지가 있습니다. 어미 활용을 할 때는 よい만 쓸 수 있습니다.

| 좋다 | いい / よい | 좋습니다 | いいです / よいです |
|---|---|---|---|
| 좋지 않다 | よく ない | 좋지 않습니다 | よく ないです / よく ありません |
| 좋았다 | よかった | 좋았습니다 | よかったです |
| 좋지 않았다 | よく なかった | 좋지 않았습니다 | よく なかったです / よく ありませんでした |

**단어**

**天気**(てんき) 날씨
**いい** 좋다
**むずかしい** 어렵다
**試験**(しけん) 시험

 공부한 내용을 확인해 보세요!

❶ **あまり** _____ **なかった。** 별로 좋지 않았다.

❷ **試験は** _____ **です。** 시험은 어렵지 않았습니다.
　しけん

**정답**

① よく　② むずかしく なかった

# 리얼 회화 연습

🎧 MP3 09-05 들어 보기　🎤 MP3 09-06 회화 훈련

**1**

아 소 꼬 노　 우 동 야 와　 오 이 시 － 데 스 까
## あそこの　うどんやは　おいしいですか。

저기 우동집은 맛있어요?

(1)　<ruby>先生<rt>せんせい</rt></ruby> （센 세 －）　　　やさしい （야 사 시 －）

(2)　ソウル （소 우 루）　　　さむい （사 무 이）

(3)　あの <ruby>映画<rt>えいが</rt></ruby> （아 노 에 － 가）　　　おもしろい （오 모 시 로 이）

(4)　その <ruby>時計<rt>とけい</rt></ruby> （소 노 토 께 －）　　　たかい （타 까 이）

**단어**

**先生**(せんせい) 선생님
**やさしい**(優しい) 자상하다
**ソウル** 서울
**さむい** 춥다
**映画**(えいが) 영화
**おもしろい** 재미있다
**時計**(とけい) 시계
**たかい**(高い) 비싸다, 높다

🎧 MP3 09-07 들어 보기　🎤 MP3 09-08 회화 훈련

**2**

아 마 리　 오 이 시 꾸　 나 이 데 스
## あまり　おいしく　ないです。

그다지 맛있지 않아요.

(1)　やすい （야 스 이）

(2)　<ruby>背<rt>せ</rt></ruby>が たかい （세 가 타 까 이）

(3)　いい （이 －）

(4)　おもしろい （오 모 시 로 이）

**단어**

**やすい**(安い) 싸다
**背**(せ)**が たかい**(高い) 키가 크다
**いい** 좋다

🎧 **MP3** 09-09 들어 보기　🎤 **MP3** 09-10 회화 훈련

**3**

타 노 시 꾸 떼　오 모 시 로　깟 따 데 스
# たのしくて　おもしろかったです。

즐겁고 재미있었어요.

**단어**

(1)
아 마 이
**あまい**

오 이 시 -
**おいしい**

(2)
세 마 이
**せまい**

키 따 나 이
**きたない**

(3)
히 로 이
**ひろい**

이 -
**いい**

(4)
타 까 이
**たかい**

마 즈 이
**まずい**

**あまい**(甘い) 달다
**せまい** 좁다
**きたない** 더럽다
**ひろい**(広い) 넓다
**まずい** 맛없다

🎧 **MP3** 09-11 들어 보기　🎤 **MP3** 09-12 회화 훈련

**4**

텡 끼 와　아 마 리　요 꾸　나　깟 따 데 스
# 天気は　あまり　よく　なかったです。
てん き

날씨는 별로 좋지 않았어요.

**단어**

(1)
야 스 미
**休み**
やす

나 가 이
**ながい**

(2)
소 노　미세
**その 店**
みせ

야 스 이
**やすい**

(3)
코 노　홍
**この 本**
ほん

오 모 시 로 이
**おもしろい**

(4)
카 제
**風**
かぜ

츠 요 이
**つよい**

**休**(やす)**み** 휴일, 휴가
**ながい**(長い) 길다
**店**(みせ) 가게, 상점
**本**(ほん) 책
**風**(かぜ) 바람
**つよい**(強い) 세다, 강하다

쿄-노 오히루 아따따까이 우동와 도-데스까
きょうの お昼、あたたかい うどんは どうですか。
　　　　　 ひる

쿄-와 사무이까라 우동가 이-데스네
きょうは さむいから❶ うどんが いいですね。

아소꼬노 우동야 오이시-데스까
あそこの うどんや、おいしいですか。

이-에 아마리 오이시꾸 나이데스
いいえ、あまり おいしく ないです。

아 소-이에바 니혼노 료꼬-와 도-데시따까
あ、そういえば、日本の 旅行は どうでしたか。
　　　　　　　　　　　　　にほん　りょこう

토떼모 타노시꾸떼 오모시로 깟따데스
とても たのしくて おもしろかったです。

소레와요 깟 따데스네
それは よかったですね❷。

토-쿄-노 텡끼와요 깟 따데스까
東京の 天気は よかったですか。
とうきょう　てんき

텡끼와 아마리 요꾸 나 깟 따데스
天気は あまり よく なかったです。
てんき

🍜 단어 뜻을 적어보세요~

| | | | |
|---|---|---|---|
| きょう 오늘 | お昼(ひる) 점심, 점심식사 | あたたかい 따뜻하다 | うどん 우동 |
| さむい 춥다 | いい _____ | あそこ _____ | うどんや _____ |
| おいしい _____ | あまり _____ | そういえば 그러고 보니 | 日本(にほん) 일본 |
| 旅行(りょこう) 여행 | とても 매우, 아주 | たのしい _____ | おもしろい _____ |
| 東京(とうきょう) 도쿄 | 天気(てんき) _____ | | |

| 야마다 | 오늘 점심, 따뜻한 우동은 어때요? |
| --- | --- |
| 미애 | 오늘은 추우니까 우동이 좋겠네요. |
| 야마다 | 저기 우동집, 맛있나요? |
| 미애 | 아니요, 그다지 맛있지 않아요. |
| 야마다 | 아, 그러고 보니, 일본 여행은 어땠어요? |
| 미애 | 아주 즐겁고 재미있었어요. |
| 야마다 | 정말 좋았겠어요. |
| | 도쿄 날씨는 좋았어요? |
| 미애 | 날씨는 별로 좋지 않았어요. |

❶ ～から ～이니까, ～이기 때문에
여기서의 ～から는 '～이기 때문에'라는 뜻으로 이유·원인을 나타냅니다. '～부터'라는 뜻의 ～から와 구별해서 알아두세요.

❷ それは よかったですね 정말 다행이에요, 정말 좋았겠어요
여기에서 それは는 '그것은'이라는 뜻이 아니라 '그거 참', '정말'이라는 강조의 의미입니다. 자주 쓰이는 표현이니 통째로 외워 두세요.

**1** 다음을 잘 듣고, 밑줄 친 곳에 들어갈 말을 적어 보세요.

1   それは _____ ですね。

2   かぜは　あまり _____ なかったです。

3   _____ うどんは　どうですか。

쓰고 말하기

**2** 밑줄 친 부분에 들어갈 말을 적고, 소리 내어 말해 보세요.

1   A: あの　映画は　おもしろいですか。
     えい が

    B: はい、_____ おもしろいです。 네, 아주 재미있어요.

       いいえ、_____ _____ ないです。 아니요, 별로 재미없어요.

2   A: 先生は　どうですか。
     せんせい

    B: _____ いいです。 자상하고 좋아요.

3   A: 天気は　どうでしたか。
     てん き

    B: とても _____ です。 아주 좋았어요.

       あまり _____ _____ です。 별로 좋지 않았어요.

시험 대비 문법

**3** ★에 들어갈 알맞은 말을 고르세요.

1   _____ _____ ___★___ _____。

    ① あまり　　　② その 店は　　　③ やすく　　　④ ないです

2   _____ _____ ___★___ _____です。

    ① よく　　　　② 天気は　　　　③ あまり　　　④ なかった

3   _____ ___★___ _____ _____ですね。

    ① さむいから　② きょうは　　　③ いい　　　　④ うどんが

➡ 정답 213쪽

あゆみさんは 料理が
<sub>아 유 미 상 와 료 - 리 가</sub>
<sub>りょう　り</sub>

上手ですね。
<sub>죠 - 즈 데 스 네</sub>
<sub>じょう　ず</sub>

아유미 씨는 요리를 잘하네요.

아니요, 전혀...

요리를 잘하네요

MP3와 강의를 들어보세요!

· 이렇게 공부하세요 ·

동영상 강의 → MP3 듣기 → 본책 학습 → 복습용 동영상

□□□　□□□　□□□　□□□

단어장 → 단어암기 동영상 → 쓰기 노트

□□□　□□□　□□□

# 핵심 문장 익히기

⏻ **MP3** 10-01

**1**

료 — 리 가　죠 — 즈 쟈　나 이 데 스

# 料理が　上手じゃ　ないです。
りょう り　　じょう ず

| 요리 | 를 | 잘하 | 지 | 않습니다. |

## な형용사

な형용사는 기본형이 だ로 끝나는 형용사입니다. 정중하게 '〜합니다'라고 할 때는 어미 だ를 떼고 です를 붙입니다. 의문형으로 만들 때는 뒤에 か만 붙여 주면 됩니다.

예 **上手だ** 잘하다 ➡ **上手です** 잘합니다
じょうず　　　　　　　　じょうず
　　　　　　　　　　　**上手ですか** 잘합니까?

**好きだ** 좋아하다 ➡ **好きです** 좋아합니다
す　　　　　　　　　　す
　　　　　　　　　　　**好きですか** 좋아합니까?

## 〜じゃ ないです 〜하지 않습니다　な형용사의 부정형

な형용사를 부정형으로 만드는 방법은 명사의 부정형과 똑같습니다. 어미 だ를 떼고 じゃ ない를 붙이면 됩니다. 정중한 부정은 〜じゃ ないです 또는 〜じゃ ありませ ん이라고 합니다.

예 **好きだ** 좋아하다 ➡ **好きじゃ ない** 좋아하지 않다
す　　　　　　　　　　す
　　　　　　　　　　≡ **好きじゃ ないです** 좋아하지 않습니다
　　　　　　　　　　　**好きじゃ ありません**

　　　　　　공부한 내용을 확인해 보세요!

❶ **料理が** _____ **です。** 요리를 잘합니다.
りょう り

❷ **料理が 上手**_____ **ないです。** 요리를 잘하지 못합니다.
りょう り　 じょう ず

**〜が 上手だ**
　　　じょうず

우리말 해석이 '〜을 잘하다'이지만, 조사는 を(〜을/를)가 아닌 が를 써야 하니 주의하세요. 다음 な형용사들도 마찬가지입니다.

〜が 下手だ 〜을 잘못하다
　　 へ た
〜が 好きだ 〜을 좋아하다
　　 す
〜が きらいだ 〜을 싫어하다

➡ **명사 활용의 부정형**
　58쪽 참고

**단어**

**料理**(りょうり) 요리
**上手**(じょうず)だ 잘하다
**好**(す)きだ 좋아하다

**정답**
　じょうず
① 上手 ② じゃ

98

**2**

소ー지가　스끼쟈　나　깟따데스
# 掃除が　好きじゃ　なかったです。
そうじ　　　　す
청소　를　　좋아하　지　　　　　　　않았습니다.

---

## ～じゃ なかったです  ～하지 않았습니다  　な형용사의 과거 부정형

な형용사의 과거 부정형은 기본형에서 어미 だ를 떼고 じゃ なかった를 붙이면 됩니다. 그 뒤에 です를 붙여서 ～じゃ なかったです라고 하면 '～하지 않았습니다'라는 뜻의 정중한 과거 부정 표현이 되는데, ～じゃ ありませんでした라고도 쓸 수 있습니다.

예 **不便**じゃ なかった  불편하지 않았다
ふ べん

＝ **不便**じゃ なかったです  불편하지 않았습니다
**不便**じゃ ありませんでした

---

### ～でした  ～했습니다  　な형용사의 과거형

な형용사를 과거형으로 만들 때는 어미 だ를 떼고 だった를 붙이면 됩니다. だった 대신에 でした를 붙이면 정중한 표현이 됩니다.

예 **不便**だ  불편하다  ➡ **不便**だった  불편했다
ふ べん　　　　　　　　　　　　　　　　ふ べん
**不便**です  불편합니다  ➡ **不便**でした  불편했습니다

→ **명사 활용의 과거형**
　 59쪽 참고

**단어**

**掃除**(そうじ) 청소
**不便**(ふべん)だ 불편하다
**遠**(とお)い 멀다

---

  **공부한 내용을 확인해 보세요!**

❶ **料理**が　**好**きじゃ ＿＿＿＿＿＿＿＿。  요리를 좋아하지 않았습니다.
りょう り　　す

❷ **遠**くて　**不便**＿＿＿＿＿＿。  멀어서 불편했습니다.
とお　　　　ふ べん

**정답**

① なかったです 또는
　 ありませんでした
② でした

🎧 MP3 10-03

**3**

이마 와　키 레 ― 나　헤 야 가　이 ― 데 스
# 今は　きれいな　部屋が　いいです。
いま　　　　　　　　　　へ や
지금　은　　　깨끗　한　　방　이　　좋　습니다.

---

### 〜な＋명사　　な형용사의 명사 수식

な형용사 뒤에 명사가 와서 '〜한(명사)'의 뜻이 될 때는 な형용사 기본형에서 だ를 떼고 な를 붙입니다.

> **い형용사의 명사 수식**
> 88쪽 참고

예　**きれいだ ＋ 部屋** 　➡　**きれいな 部屋**
　　깨끗하다　　방　　　　　　 깨끗한　　방

　**しずかだ ＋ 図書館** 　➡　**しずかな 図書館**
　　조용하다　　도서관　　　　조용한　　도서관

---

#### 〜で 〜하고, 〜해서　　な형용사의 연결

な형용사로 앞 문장과 뒷 문장을 연결할 때에는 기본형에서 だ를 떼고 で를 붙이면 됩니다.

예　**きれいだ ＋ しずかだ** ➡ **きれいで しずかだ**
　　깨끗하다　　조용하다　　　깨끗하고 조용하다

　**ハンサムだ ＋ 親切だ** ➡ **ハンサムで 親切だ**
　　잘생기다　　친절하다　　　잘생기고 친절하다

> **명사＋で (〜이고)** 80쪽 참고

**단어**

**今**(いま) 지금
**きれいだ** 깨끗하다
**部屋**(へや) 방
**いい** 좋다
**しずかだ** 조용하다
**図書館**(としょかん) 도서관
**ハンサムだ** 잘생기다, 핸섬하다
**親切**(しんせつ)だ 친절하다

---

　**공부한 내용을 확인해 보세요!**

❶ _____ 部屋が いいです。　깨끗한 방이 좋습니다.

❷ しずか____ きれいです。　조용하고 깨끗합니다.

 **정답**
① きれいな　② で

**4**

료- 리 요리   소- 지 노   호- 가   스 까 데스
# 料理より 掃除の ほうが 好きです。
りょう り   そう じ   す

| 요리 | 보다 | 청소 | (의) | 쪽 | 을 | 좋아합 | 니다. |

## 〜より …のほうが  〜보다 …쪽이

〜より는 '〜보다'라는 뜻의 조사입니다. 「〜より …の ほうが」는 두 가지를 비교하며 어느 한쪽이 더 어떠하다고 말할 때 쓰는 표현입니다.

예  バスより 地下鉄の ほうが 便利です。 버스보다 지하철 쪽이 편리합니다.
　　ちかてつ　　　　べんり

　　ビールより ワインの ほうが 好きです。 맥주보다 와인 쪽을 좋아합니다.
　　　　　　　　　　　　　　す

### AとBと どちらが 〜ですか  A와 B 중 어느 쪽을 〜합니까?

「Aと Bと どちらが 〜ですか」는 'A와 B 중 어느 쪽을 〜합니까?'라는 뜻으로, 둘 중 하나를 선택하도록 묻는 표현입니다. 보통 대답할 때는 바로 위에 나온 「Aより Bの ほうが」로 합니다.

예  A  うどんと ラーメンと どちらが 好きですか。
　　　　　　　　　　　　　　　　　　す
　　　우동과 라면 중에 어느 쪽을 좋아합니까?

　　B  うどんより ラーメンの ほうが 好きですか。
　　　　　　　　　　　　　　　　　　す
　　　우동보다 라면 쪽을 좋아합니다.

**단어**

**〜より** 〜보다 (조사)
**ほう** 쪽, 편
**バス** 버스
**地下鉄**(ちかてつ) 지하철
**便利**(べんり)**だ** 편리하다
**ビール** 맥주
**ワイン** 와인
**うどん** 우동
**ラーメン** 라면

### 공부한 내용을 확인해 보세요!

❶ 料理＿＿＿ 掃除の ＿＿＿が 好きです。 요리보다 청소 쪽을 좋아합니다.
　りょう り　　そう じ　　　　　す

❷ うどんと ラーメンと ＿＿＿＿＿＿ 好きですか。
　　　　　　　　　　　　　　　　　す
　우동과 라면 중에 어느 쪽을 좋아합니까?

**정답**
① より / ほう  ② どちらが

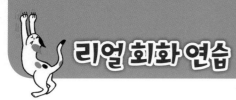

## 리얼 회화 연습

🎧 MP3 10-05 들어 보기　🎤 MP3 10-06 회화 훈련

**1**

와따시 와　료-리 가　스 끼 데 스

# 私は 料理が 好きです。
わたし　　りょうり　　す

저는 요리를 좋아해요.

에-가
(1) 映画
えいが

카 라 오 께
(2) カラオケ

옹 가꾸
(3) 音楽
おんがく

비 - 루
(4) ビール

**단어**

**映画**(えいが) 영화
**カラオケ** 노래방
**音楽**(おんがく) 음악
**ビール** 맥주

🎧 MP3 10-07 들어 보기　🎤 MP3 10-08 회화 훈련

**2**

소 - 지 가　스 끼 쟈　나 깟 따 데 스

# 掃除が 好きじゃ なかったです。
そうじ　　す

청소를 좋아하지 않았어요.

카 레 시
(1) 彼氏　　　　　　　　　　한 사 무 다
かれし　　　　　　　　　　ハンサムだ

소 레
(2) それ　　　　　　　　　　혼 또 - 다
　　　　　　　　　　　　　　本当だ
　　　　　　　　　　　　　　ほんとう

가 이 도 상
(3) ガイドさん　　　　　　신 세쯔 다
　　　　　　　　　　　　　　親切だ
　　　　　　　　　　　　　　しんせつ

헤 야
(4) 部屋　　　　　　　　　　키 레 - 다
へや　　　　　　　　　　　きれいだ

**단어**

**彼氏**(かれし) (교제하는) 남자 친구
**ハンサムだ** 핸섬하다, 잘생기다
**本当**(ほんとう)**だ** 정말이다
**ガイド** 가이드, 안내자
**親切**(しんせつ)**だ** 친절하다

102

**③**

키 레 - 나　헤 야 가　이 - 데 스
## きれいな 部屋が いいです。
へ や

깨끗한 방이 좋아요.

(1) 키 레 - 다
**きれいだ**

토꼬로
**所**
ところ

(2) 니 기 야 까 다
**にぎやかだ**

마찌
**町**
まち

(3) 신 세 쯔 다
**親切だ**

미세
**店**
みせ

(4) 시 즈 까 다
**しずかだ**

코 - 엔
**公園**
こうえん

**단어**

**所**(ところ) 곳, 장소
**にぎやかだ** 번화하다
**町**(まち) 동네
**店**(みせ) 가게
**しずかだ** 조용하다
**公園**(こうえん) 공원

**④**

료 - 리 요 리　소 - 지 노　호 - 가　스 끼 데 스
## 料理より 掃除の ほうが 好きです。
りょう り　　　　　そう じ　　　　　　　　　す

요리보다 청소 쪽을 좋아해요.

(1) 야 큐 -
**野球**
や きゅう

삭 까 -
**サッカー**

(2) 와 인
**ワイン**

비 - 루
**ビール**

(3) 아 메 리 까
**アメリカ**

요 - 롭 빠
**ヨーロッパ**

(4) 니 꾸
**肉**
にく

야 사이
**野菜**
や さい

**단어**

**野球**(やきゅう) 야구
**サッカー** 축구
**ワイン** 와인
**アメリカ** 미국
**ヨーロッパ** 유럽
**肉**(にく) 고기
**野菜**(やさい) 야채

# 도전! 실전 회화

🎧 MP3 10-13 들어 보기　🎤 MP3 10-14 회화 훈련

 아유미 상 와 료-리 가 죠-즈데스네
あゆみさんは 料理が 上手ですね。
りょうり　じょうず

 이-에 젠젠 죠-즈 쟈 나이데스
いいえ、全然❶ 上手じゃ ないです。
　　　　ぜんぜん　じょうず

마다마다데스
まだまだです❷。

미에 상 노 헤야와 이쯔모 키레-데스네
ミエさんの 部屋は いつも きれいですね。
へや

 와따시와 료-리요리 소-지노 호- 가 스끼데스
私は 料理より 掃除の ほうが 好きです。
わたし　りょうり　　そうじ　　　　　す

마에와 소-지가 스끼 쟈 나 깟따데스
前は 掃除が 好きじゃ なかったです。
まえ　そうじ　す

데 모 이마와 키레-나 헤야가 이-데스네
でも、今は きれいな 部屋が いいですね。
いま　　　　　　へや

---

🍜 단어 뜻을 적어보세요~

| | | | |
|---|---|---|---|
| 料理(りょうり) _____ | 上手(じょうず)だ _____ | 部屋(へや) _____ | いつも 늘, 항상 |
| きれいだ _____ | ~より _____ | 掃除(そうじ) 청소 | ほう 쪽, 편 |
| 好(す)きだ _____ | 前(まえ) 전, 이전 | でも 하지만 | 今(いま) 지금 |

| 미애 | 아유미 씨는 요리를 잘하네요. |
| 아유미 | 아니요, 전혀 잘하지 못해요. |
| | 아직 멀었어요. |
| | 미애 씨 방은 항상 깨끗하지요. |
| 미애 | 저는 요리보다 청소 쪽이 좋아요. |
| | 전에는 청소를 좋아하지 않았어요. |
| | 하지만 지금은 깨끗한 방이 좋네요. |

❶ 全然 전혀
全然은 '전혀'라는 뜻으로, 뒤에 부정어가 옵니다.
◦ 全然 おいしく ない。 전혀 맛있지 않다.
　 全然 好きじゃ ないです。 전혀 좋아하지 않아요.

❷ まだまだです 아직 멀었어요
칭찬에 겸손하게 대답할 때 쓰는 표현입니다. まだ는 '아직'이라는 뜻의 부사인데, 반복해서 まだまだ라고 하면 '한참 모자라다', '아직 멀었다'라는 뜻이 됩니다.

**1** 다음을 잘 듣고, 밑줄 친 곳에 들어갈 말을 적어 보세요.

1   りょうりが _____ですね。

2   _____ じょうずじゃ ないです。

3   _____です。

📝 쓰고 말하기

**2** 밑줄 친 부분에 들어갈 말을 적고, 소리 내어 말해 보세요.

1   A: 彼は　親切ですか。

B: はい、_____。네, 친절해요.

いいえ、親切じゃ _____。아니요, 친절하지 않아요.

2   A: 野球と　サッカーと　どちらが　好きですか。

B: 野球_____ サッカーの _____が　好きです。야구보다 축구 쪽을 좋아해요.

3   A: どんな　部屋が　いいですか。

B: _____ _____ 部屋が　いいです。조용하고 깨끗한 방이 좋아요.

📖 시험 대비 문법

**3** ★에 들어갈 알맞은 말을 고르세요.

1   いいえ、_____ ★_____ _____ _____。

①　全然        ②　じゃ        ③　上手        ④　ないです

2   でも、_____ ★_____ _____ _____ですね。

①　部屋が      ②　今は        ③　きれいな      ④　いい

3   私は _____ ★_____ _____ _____。

①　ほうが      ②　掃除の      ③　好きです      ④　料理より

➡ 정답 213쪽

# Day 11

# インターーネットで ニュースを みます。

인터넷으로 뉴스를 봅니다.

· 이렇게 공부하세요 ·

| 동영상 강의 | MP3 듣기 | 본책 학습 | 복습용 동영상 |
| --- | --- | --- | --- |
| □□□ | □□□ | □□□ | □□□ |

| 단어장 | 단어암기 동영상 | 쓰기 노트 |
| --- | --- | --- |
| □□□ | □□□ | □□□ |

MP3와 강의를
들어보세요!

# 핵심 문장 익히기

**1**

ときどき えいが
# 時々　映画を　みます。
가끔　　　영화　를　　봅　　니다.

## 동사의 종류

**예외 1그룹 동사**

다음 동사들은 형태는 2그룹이지만 "1그룹"에 속하는 동사입니다. 자주 쓰는 동사들이니 꼭 기억해 두세요.

⑩ はいる(入る) 들어가다
　 しる(知る) 알다
　 かえる(帰る) 돌아가다

일본어 동사는 기본형이 모두 う단으로 끝납니다(う・く・ぐ・す・つ・ぬ・ぶ・む・る). 동사의 활용 규칙에 따라 세 가지 그룹으로 나뉩니다.

| | |
|---|---|
| **1그룹 동사** | **1　る 이외의 う단으로 끝나는 동사**　う・く・ぐ・す・つ・ぬ・ぶ・む<br>⑩ あう 만나다　　いく 가다　　　はなす 이야기하다, 말하다<br>　 まつ 기다리다　しぬ 죽다　　あそぶ 놀다　　よむ 읽다<br>**2　る로 끝나는 동사**　る 앞의 음이 あ단・う단・お단<br>⑩ わかる 알다　　つくる 만들다　　のる 타다 |
| **2그룹 동사** | **る로 끝나는 동사**　る 앞의 음이 い단・え단<br>⑩ みる 보다　　たべる 먹다 |
| **3그룹 동사** | 불규칙한 활용을 하는 동사로, 딱 두 가지뿐입니다.<br>⑩ する 하다　　くる 오다 |

## ～ます ～합니다　동사의 ます형

동사 뒤에 ます를 붙이면 '～합니다'라는 뜻이 됩니다. ～ます는 상황에 따라 '～할 것입니다', '～하겠습니다'라는 뜻이 되기도 합니다. 동사의 그룹에 따라 활용 형태가 다르니 잘 익혀 둡시다.

| | | |
|---|---|---|
| **1그룹 동사** | 어미를 い단으로 바꾸고 ます를 붙입니다. | いく 가다　➡　いきます 갑니다<br>よむ 읽다　➡　よみます 읽습니다 |
| **2그룹 동사** | 어미 る를 떼고 ます를 붙입니다. | みる 보다　➡　みます 봅니다<br>たべる 먹다　➡　たべます 먹습니다 |
| **3그룹 동사** | 불규칙 동사이므로 그대로 암기하세요. | する 하다　➡　します 합니다<br>くる 오다　➡　きます 옵니다 |

**단어**

**時々**(ときどき) 가끔, 때때로
**映画**(えいが) 영화
**～を** ～을/를 (조사)
**みる**(見る) 보다

**2**

<ruby>毎日<rt>まいにち</rt></ruby> <ruby>新聞<rt>しんぶん</rt></ruby>を よみますか。

| 매일 | 신문 | 을 | 읽 | 습니까? |

## ～ますか ～합니까? 의문 표현

～ます 뒤에 か를 붙이면 정중한 의문 표현이 됩니다. ～ますか 만드는 법은 바로 앞에서 배운 ます형 만드는 방법과 동일합니다.

| 1그룹 동사 | 어미를 <u>い</u>단으로 +ますか | あ<u>う</u> 만나다 ➡ あ<u>い</u>ますか 만납니까? |
|---|---|---|
| | | い<u>く</u> 가다 ➡ い<u>き</u>ますか 갑니까? |
| | | はな<u>す</u> 말하다 ➡ はな<u>し</u>ますか 말합니까? |
| | | ま<u>つ</u> 기다리다 ➡ ま<u>ち</u>ますか 기다립니까? |
| | | し<u>ぬ</u> 죽다 ➡ し<u>に</u>ますか 죽습니까? |
| | | あそ<u>ぶ</u> 놀다 ➡ あそ<u>び</u>ますか 놉니까? |
| | | よ<u>む</u> 읽다 ➡ よ<u>み</u>ますか 읽습니까? |
| | | わか<u>る</u> 알다 ➡ わか<u>り</u>ますか 압니까? |
| | | つく<u>る</u> 만들다 ➡ つく<u>り</u>ますか 만듭니까? |
| | | の<u>る</u> 타다 ➡ の<u>り</u>ますか 탑니까? |
| 2그룹 동사 | 어미 る를 떼고 +ますか | み~~る~~ 보다 ➡ みますか 봅니까? |
| | | たべ~~る~~ 먹다 ➡ たべますか 먹습니까? |
| 3그룹 동사 | | する 하다 ➡ しますか 합니까? |
| | | くる 오다 ➡ きますか 옵니까? |

**단어**

**<ruby>毎日<rt>まいにち</rt></ruby>** 매일
**<ruby>新聞<rt>しんぶん</rt></ruby>** 신문
**よむ**(<ruby>読む<rt>よ</rt></ruby>) 읽다
**ゲーム** 게임
**する** 하다

 **공부한 내용을 확인해 보세요!**

❶ <ruby>毎日<rt>まいにち</rt></ruby> <ruby>新聞<rt>しんぶん</rt></ruby>を ＿＿＿＿＿か。 매일 신문을 읽습니까?

❷ <ruby>毎日<rt>まいにち</rt></ruby> ゲームを ＿＿＿＿＿。 매일 게임을 합니까?

 정답

① よみます ② しますか

🎧 MP3 11-03

**3**

# このごろは ほとんど 本を よみません。

| 요즘 | 은 | | 거의 | | 책 | 을 | | 읽 | | 지 않습니다. |

---

## 〜ません 〜하지 않습니다  부정표현

➡ **동사 총정리** 207쪽 참고

〜ます(〜합니다)를 부정형으로 만들 때는 ます 대신 ません을 붙입니다.

| | | | |
|---|---|---|---|
| **1그룹<br>동사** | 어미를 い단으로<br>+ ません | あう 만나다 ➡ あいません 만나지 않습니다<br>いく 가다 ➡ いきません 가지 않습니다<br>はなす 말하다 ➡ はなしません 말하지 않습니다<br>まつ 기다리다 ➡ まちません 기다리지 않습니다<br>しぬ 죽다 ➡ しにません 죽지 않습니다<br>あそぶ 놀다 ➡ あそびません 놀지 않습니다<br>よむ 읽다 ➡ よみません 읽지 않습니다<br>わかる 알다 ➡ わかりません 알지 못합니다, 모릅니다<br>つくる 만들다 ➡ つくりません 만들지 않습니다<br>のる 타다 ➡ のりません 타지 않습니다 | |
| **2그룹<br>동사** | 어미 る를 떼고<br>+ ません | みる 보다 ➡ みません 보지 않습니다<br>たべる 먹다 ➡ たべません 먹지 않습니다 | |
| **3그룹<br>동사** | | する 하다 ➡ しません 하지 않습니다<br>くる 오다 ➡ きません 오지 않습니다 | |

**단어**

**このごろ** 요즘
**ほとんど** 거의
**本**(ほん) 책

---

🗨 공부한 내용을 확인해 보세요!

❶ このごろは 新聞(しんぶん)を _____ 。  요즘은 신문을 읽지 않습니다.

❷ ほとんど ゲームを _____ 。  거의 게임을 안 합니다.

**정답**

① よみません  ② しません

110

**4**

# ゲームを しながら チャットを します。

| 게임 | 을 | 하 | 면서 | 채팅 | 을 | 합 | 니다. |

## 〜ながら 〜하면서

〜ながら는 '〜하면서'라는 뜻으로, 두 가지 동작을 동시에 하는 것을 나타냅니다.
〜ながら 앞에는 동사의 ます형이 옵니다.

🔵 ごはんを たべる ➕ テレビを みる
　　밥을 먹다　　　　　　TV를 보다

　　➡ ごはんを たべながら テレビを みる
　　　　밥을 먹으면서 TV를 보다

コーヒーを のむ ➕ しんぶんを よむ
커피를 마시다　　　　신문을 읽다

　　➡ コーヒーを のみながら しんぶんを よむ
　　　　커피를 마시면서 신문을 읽다

**단어**

**チャット** 채팅
**ごはん** 밥
**たべる**(食べる) 먹다
**テレビ** 텔레비전, TV
**コーヒー** 커피
**のむ**(飲む) 마시다

**공부한 내용을 확인해 보세요!**

❶ チャットを ＿＿＿＿＿ ゲームを します。　채팅을 하면서 게임을 해요.

❷ テレビを ＿＿＿＿＿ ごはんを たべます。　TV를 보면서 밥을 먹습니다.

**정답**

① しながら　② みながら

## 리얼 회화 연습

🎧 **MP3** 11-05 들어 보기　🎤 **MP3** 11-06 회화 훈련

**1**

### 時々 映画を みます。

가끔 영화를 봐요.

(1) お酒を のむ

(2) 歌を うたう

(3) メールを おくる

(4) 一人で ごはんを たべる

**단어**

**お酒**(さけ) 술
**のむ**(飲む) 마시다
**歌**(うた) 노래
**うたう**(歌う) 부르다
**メール** 이메일
**おくる**(送る) 보내다, 전송하다
**一人**(ひとり)**で** 혼자서
**ごはん** 밥
**たべる**(食べる) 먹다

🎧 **MP3** 11-07 들어 보기　🎤 **MP3** 11-08 회화 훈련

**2**

### 毎日 新聞を よみますか。

매일 신문을 읽어요?

(1) コーヒーを のむ

(2) 日本語を 勉強する

(3) 日記を かく

(4) ドラマを みる

**단어**

**コーヒー** 커피
**日本語**(にほんご) 일본어
**勉強**(べんきょう)**する** 공부하다
**日記**(にっき) 일기
**かく**(書く) 쓰다
**ドラマ** 드라마

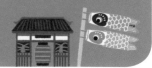

🎧 **MP3** 11-09 들어 보기　🎤 **MP3** 11-10 회화 훈련

**3**

# このごろは　ほとんど　本を　よみません。

요즘은 거의 책을 읽지 않아요.

(1)　お酒を　のむ

(2)　運動を　する

(3)　手紙を　かく

(4)　音楽を　きく

**단어**

運動(うんどう) 운동

手紙(てがみ) 편지

音楽(おんがく) 음악

きく(聞く) 듣다

🎧 **MP3** 11-11 들어 보기　🎤 **MP3** 11-12 회화 훈련

**4**

# ゲームを　しながら　チャットを　します。

게임을 하면서 채팅을 해요.

(1)　ポップコーンを　たべる　　映画を　みる

(2)　コーヒーを　のむ　　　　　はなす

(3)　ケータイを　みる　　　　　あるく

(4)　歌を　うたう　　　　　　　シャワーを　あびる

**단어**

ポップコーン 팝콘

はなす(話す) 이야기하다

ケータイ 휴대폰

あるく(歩く) 걷다

シャワーをあびる 샤워를 하다

高橋さんは 毎日❶ 新聞を よみますか。

いいえ、このごろは ほとんど よみません。

最近は インターネットで ニュースを みます。

 そうですか。

では、テレビの ニュースも みませんか。

いいえ、時々 みます。

 そのほかに❷ インターネットで 何を しますか。

ゲームを します。

ゲームを しながら チャットを します。

 わあ、すごいですね。

---

🍜 단어 뜻을 적어보세요~

| | | | |
|---|---|---|---|
| 新聞(しんぶん) _____ | よむ(読む) _____ | このごろ _____ | ほとんど _____ |
| 最近(さいきん) 최근 | インターネット 인터넷 | ニュース 뉴스 | ～を ～을/를 (조사) |
| みる(見る) _____ | では 그럼, 그러면 | テレビ 텔레비전, TV | ～も ～도 (조사) |
| 時々(ときどき) _____ | 何(なに) 무엇 | する 하다 | ゲーム _____ |
| ～ながら _____ | チャット _____ | わあ 와~ | すごい 대단하다, 굉장하다 |

| 미애 | 다카하시 씨는 매일 신문을 읽나요? |
|---|---|
| 다카하시 | 아니요, 요즘은 거의 안 읽어요. |
| | 최근엔 인터넷으로 뉴스를 봐요. |
| 미애 | 그렇군요. |
| | 그럼, 텔레비전 뉴스도 안 보나요? |
| 다카하시 | 아니요, 가끔 봐요. |
| 미애 | 그밖에 인터넷으로 무엇을 해요? |
| 다카하시 | 게임을 해요. |
| | 게임을 하면서 채팅을 해요. |
| 미애 | 와, 대단하네요. |

❶ <ruby>毎日<rt>まいにち</rt></ruby> 매일
毎는 '매~'란 뜻의 접두사로, 주로 뒤에 때를 나타내는 말이 옵니다.

예 <ruby>毎朝<rt>まいあさ</rt></ruby> 매일 아침 　　<ruby>毎晩<rt>まいばん</rt></ruby> 매일 밤

　<ruby>毎週<rt>まいしゅう</rt></ruby> 매주 　　<ruby>毎月<rt>まいげつ</rt></ruby> 매월 　　<ruby>毎年<rt>まいとし</rt></ruby> 매년

❷ そのほかに 그 외에, 그밖에
その 뒤에 '다른 것', '딴것'이라는 뜻의 명사 ほか가 와서 '그 외에', '그밖에'라는 뜻이 됩니다.

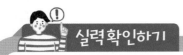 

동사의 ます형은 이후 공부할 동사 활용의 기본이 되기 때문에 잘 알아두셔야 합니다.
복습하면서 빈칸에 들어갈 활용 형태를 적어 보세요.

| 기본형 | | ~ます<br>~합니다 | ~ますか<br>~합니까? | ~ません<br>~하지 않습니다 | ~ながら<br>~하면서 |
|---|---|---|---|---|---|
| ① あう(会う) | 만나다 | | あいますか | | あいながら |
| ② うたう(歌う) | 노래하다 | うたいます | | | うたいながら |
| ③ きく(聞く) | 듣다 | | ききますか | ききません | |
| ④ かく(書く) | 쓰다 | かきます | かきますか | かきません | |
| ⑤ いく(行く) | 가다 | | | いきません | いきながら |
| ⑥ はなす(話す) | 말하다 | | はなしますか | | はなしながら |
| ⑦ まつ(待つ) | 기다리다 | | まちますか | まちません | |
| ⑧ あそぶ(遊ぶ) | 놀다 | あそびます | | あそびません | |
| ⑨ のむ(飲む) | 마시다 | | のみますか | | のみながら |
| ⑩ よむ(読む) | 읽다 | よみます | | よみません | |
| ⑪ ある | 있다 | | ありますか | | ありながら |
| ⑫ かえる(帰る) | 돌아가다 | | | かえりません | かえりながら |
| ⑬ のる(乗る) | 타다 | | | のりません | のりながら |
| ⑭ はいる(入る) | 들어가다 | はいります | | はいりません | |
| ⑮ たべる(食べる) | 먹다 | たべます | たべますか | | |
| ⑯ みる(見る) | 보다 | | みますか | みません | |
| ⑰ くる(来る) | 오다 | | きますか | | きながら |
| ⑱ する | 하다 | します | | しません | |

➡ 정답 213쪽

# Day 12

よる おそ
# 夜遅くまで レポートを
か
# 書きました。

밤늦게까지 리포트를 썼습니다.

MP3와 강의를
들어보세요!

· 이렇게 공부하세요 ·

| 동영상 강의 | MP3 듣기 | 본책 학습 | 복습용 동영상 |
|---|---|---|---|
| □□□ | □□□ | □□□ | □□□ |

| 단어장 | 단어암기 동영상 | 쓰기 노트 |
|---|---|---|
| □□□ | □□□ | □□□ |

🎧 MP3 12-01

**1**

# 今朝、8時に 起きました。
<small>けさ　　　　はちじ　　　　お</small>

오늘 아침　　　8시　에　　　일어　　　났습니다.

## ～ました ～했습니다　과거 표현

～ます(～합니다)를 과거형으로 만들 때는 ます 대신 ました를 붙이면 됩니다.

| 1그룹 동사 | 어미를 <u>い</u>단으로<br>+ ました | あ<u>う</u> 만나다 ➡ あ<u>い</u>ました 만났습니다<br>か<u>く</u> 쓰다 ➡ か<u>き</u>ました 썼습니다 |
|---|---|---|
| 2그룹 동사 | 어미 <u>る</u>를 떼고<br>+ ました | み<s>る</s> 보다 ➡ みました 봤습니다<br>たべ<s>る</s> 먹다 ➡ たべました 먹었습니다 |
| 3그룹 동사 | | する 하다 ➡ しました 했습니다<br>くる 오다 ➡ きました 왔습니다 |

예 きのう、10時に 寝ました。 어제 10시에 잤습니다.
<small>じゅうじ　ね</small>

友達に 会いました。 친구를 만났습니다.
<small>ともだち　あ</small>

**～ましたか**

～ました 뒤에 か를 붙이면
'～했습니까?'라는 뜻이 됩니다.

**～に 会う**
<small>あ</small>

'～를 만나다'라고 할 때는 동사
会う 앞에 조사 に를 써야 합니
다. を(～을/를)를 쓰지 않도록 주
의하세요.

**단어**

**今朝**(けさ) 오늘 아침
**起**(お)**きる** 일어나다
**きのう** 어제
**寝**(ね)**る** 자다
**友達**(ともだち) 친구
**～に 会**(あ)**う** ～를 만나다

**공부한 내용을 확인해 보세요!**

❶ 今朝、8時に 起き_____。 오늘 아침 8시에 일어났습니다.
<small>けさ　はちじ　お</small>

❷ きのう、10時に _____。 어제 10시에 잤습니다.
<small>じゅうじ</small>

**정답**

① ました　② 寝ました
<small>ね</small>

118

## 2

# コーヒーを 飲みませんでした。
### の

| 커피 | 를 | 마시 | 지 않았습니다. |

## ～ませんでした ～하지 않았습니다  과거 부정 표현

～ません(～하지 않습니다)을 과거형으로 만들 때는 뒤에 でした만 붙이면 됩니다.

| 1그룹<br>동사 | 어미를 <u>い단</u>으로<br>+ ませんでした | い<u>く</u> 가다<br>はな<u>す</u> 말하다<br>よ<u>む</u> 읽다 | ➡ い<u>き</u>ませんでした 가지 않았습니다<br>➡ はな<u>し</u>ませんでした 말하지 않았습니다<br>➡ よ<u>み</u>ませんでした 읽지 않았습니다 |
|---|---|---|---|
| 2그룹<br>동사 | 어미 <u>る</u>를 떼고<br>+ ませんでした | み<u>る</u> 보다<br>たべ<u>る</u> 먹다 | ➡ みませんでした 보지 않았습니다<br>➡ たべませんでした 먹지 않았습니다 |
| 3그룹<br>동사 | | する 하다<br>くる 오다 | ➡ しませんでした 하지 않았습니다<br>➡ きませんでした 오지 않았습니다 |

예 **電車に 乗り**ませんでした。 전철을 타지 않았습니다.
でんしゃ　の

**学校に 行き**ませんでした。 학교에 가지 않았습니다.
がっこう　い

### ～ませんでしたか

～ませんでした 뒤에 か를 붙이면 '～하지 않았습니까?'라는 뜻이 됩니다.

### ～に 乗る

'～을 타다'라고 할 때는 동사 乗る 앞에 조사 に를 써야 합니다.

### 단어

**コーヒー** 커피
**～を** ～을/를 (조사)
**飲(の)む** 마시다
**電車(でんしゃ)** 전철
**乗(の)る** (탈것에) 타다
**学校(がっこう)** 학교
**行(い)く** 가다

### 공부한 내용을 확인해 보세요!

❶ **コーヒーを 飲み**＿＿＿＿＿＿。 커피를 마시지 않았습니다.
の

❷ **学校に** ＿＿＿＿＿＿。 학교에 가지 않았습니다.
がっこう

### 정답

① ませんでした
② 行きませんでした
  い

🎧 MP3 12-03

**3**

<sup>すこ</sup> <sup>やす</sup>
# 少し 休みましょうか。

조금    쉴    까요?

---

## 〜ましょう 〜합시다 권유 표현

〜ましょう는 '〜합시다'라는 뜻의 권유 표현입니다. 직접적이고 강한 표현이므로, 손윗사람에게는 쓰지 않는 것이 좋습니다. 보통 「いっしょに 〜ましょう(같이 〜합시다)」의 형태로 많이 쓰입니다.

예 駅の 前で 会いましょう。 역 앞에서 만납시다.

いっしょに 映画を 見ましょう。 같이 영화를 봅시다.

## 〜ましょうか 〜할까요? 권유 표현

〜ましょう(〜합시다) 뒤에 か를 붙이면 '〜할까요?'라는 뜻이 됩니다. 〜ましょう 까는 〜ましょう보다 부드러운 권유 표현으로, 손윗사람과 손아랫사람 모두에게 쓸 수 있습니다.

예 どこに 行きましょうか。 어디에 갈까요?

この 曲を 歌いましょうか。 이 곡을 부를까요?

**공부한 내용을 확인해 보세요!**

❶ いっしょに 映画を 見_____。 같이 영화를 봅시다.

❷ 少し _____。 조금 쉴까요?

---

→ **권유 표현 총정리** 208쪽 참고

**단어**

**少(すこ)し** 조금, 약간

**休(やす)む** 쉬다

**駅(えき)** 역

**前(まえ)** 앞

**いっしょに** 같이, 함께

**映画(えいが)** 영화

**見(み)る** 보다

**どこ** 어디

**曲(きょく)** 곡, 노래

**歌(うた)う** 노래하다

**정답**

① ましょう  ② 休(やす)みましょうか

**4**

# コーヒーでも 飲<sup>の</sup>みませんか。

| 커피 | 라도 | 마시 | 지 않겠습니까? |

## ～ませんか ～하지 않겠습니까? 권유 표현

～ませんか는 '～하지 않겠습니까?', '～ 안 할래요?'라는 뜻으로, ～ましょう(～합시다)나 ～ましょうか(～할까요?)보다 정중한 권유 표현입니다.

| | 기본형 | ます형 | 권유 표현 |
|---|---|---|---|
| **1그룹 동사** | まつ 기다리다 | ま<u>ち</u>ます 기다립니다 | まちましょう 기다립시다<br>まちましょうか 기다릴까요?<br>まちませんか 기다리지 않겠습니까? |
| | のる 타다 | の<u>り</u>ます 탑니다 | のりましょう 탑시다<br>のりましょうか 탈까요?<br>のりませんか 타지 않겠습니까? |
| **2그룹 동사** | みる 보다 | みます 봅니다 | みましょう 봅시다<br>みましょうか 볼까요?<br>みませんか 보지 않겠습니까? |
| | たべる 먹다 | たべます 먹습니다 | たべましょう 먹읍시다<br>たべましょうか 먹을까요?<br>たべませんか 먹지 않겠습니까? |
| **3그룹 동사** | する 하다 | します 합니다 | しましょう 합시다<br>しましょうか 할까요?<br>しませんか 하지 않겠습니까? |
| | くる 오다 | きます 옵니다 | きましょう 옵시다<br>きましょうか 올까요?<br>きませんか 오지 않겠습니까? |

**ます형 총정리**

～ます ～합니다
～ますか ～합니까?
～ません ～하지 않습니다
～ました ～했습니다
～ませんでした ～하지 않았습니다
～ましょう ～합시다
～ましょうか ～할까요?
～ませんか ～하지 않겠습니까?

**단어**

～でも ～라도 (조사)

### 공부한 내용을 확인해 보세요!

❶ コーヒーでも ＿＿＿＿＿＿＿。 커피라도 안 마실래요?

❷ いっしょに ＿＿＿＿＿＿＿。 같이 가지 않겠습니까?

**정답**

① 飲<sup>の</sup>みませんか
② 行<sup>い</sup>きませんか

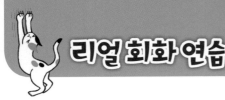

# 리얼 회화 연습

🎧 MP3 12-05 들어 보기　🎤 MP3 12-06 회화 훈련

**1**

## <ruby>今朝<rt>けさ</rt></ruby>、8<ruby>時<rt>はちじ</rt></ruby>に <ruby>起<rt>お</rt></ruby>きました。

오늘 아침 8시에 일어났어요.

(1) きのう　　　　　カレーを <ruby>作<rt>つく</rt></ruby>る

(2) <ruby>先週<rt>せんしゅう</rt></ruby>　　　　<ruby>友達<rt>ともだち</rt></ruby>に <ruby>会<rt>あ</rt></ruby>う

(3) <ruby>先月<rt>せんげつ</rt></ruby>　　　　パソコンを <ruby>買<rt>か</rt></ruby>う

(4) きのう　　　　　<ruby>映画<rt>えいが</rt></ruby>を <ruby>見<rt>み</rt></ruby>る

**단어**

きのう 어제
カレー 카레
作(つく)る 만들다
先週(せんしゅう) 지난주
友達(ともだち) 친구
〜に 会(あ)う 〜를 만나다
先月(せんげつ) 지난달
パソコン 컴퓨터
買(か)う 사다
映画(えいが) 영화
見(み)る 보다

🎧 MP3 12-07 들어 보기　🎤 MP3 12-08 회화 훈련

**2**

## きょうは コーヒーを <ruby>飲<rt>の</rt></ruby>みませんでした。

오늘은 커피를 마시지 않았어요.

(1) <ruby>会社<rt>かいしゃ</rt></ruby>に <ruby>行<rt>い</rt></ruby>く

(2) テレビを <ruby>見<rt>み</rt></ruby>る

(3) シャワーを あびる

(4) <ruby>運動<rt>うんどう</rt></ruby>を する

**단어**

会社(かいしゃ) 회사
行(い)く 가다
テレビ 텔레비전, TV
シャワーを あびる 샤워를 하다
運動(うんどう) 운동
する 하다

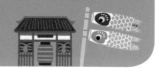

🎧 MP3 12-09 들어 보기  🎙 MP3 12-10 회화 훈련

**3**

# 少し 休みましょうか。

조금 쉴까요?

**단어**

(1) そろそろ 帰る

(2) そろそろ 始める

(3) 一杯 飲む

(4) 少し 話す

そろそろ 이제 슬슬
帰(かえ)る 돌아가다, 돌아오다
始(はじ)める 시작하다
一杯(いっぱい) 한 잔
話(はな)す 이야기하다

🎧 MP3 12-11 들어 보기  🎙 MP3 12-12 회화 훈련

**4**

# いっしょに コーヒーでも 飲みませんか。

같이 커피라도 마시지 않을래요?

**단어**

(1) 公園に 行く

(2) 昼ごはんを 食べる

(3) 電車に 乗る

(4) 写真を とる

いっしょに 함께, 같이
公園(こうえん) 공원
昼(ひる)ごはん 점심밥
電車(でんしゃ) 전철
〜に 乗(の)る 〜을 타다
写真(しゃしん)をとる 사진을 찍다

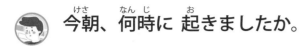

## 도전! 실전 회화

🎧 MP3 12-13 들어 보기　🎤 MP3 12-14 회화 훈련

今朝、何時に 起きましたか。

8時に 起きました。

きのう、遅く 寝ましたか。

はい、実は 夜遅くまで レポートを 書きました。

そうですか。少し 休みましょうか。

ええ❶、そう しましょう。コーヒーでも 飲みませんか。

いいですね。私は アイスコーヒーに します❷。

今朝は コーヒーを 飲みませんでした。

---

### 🍜 단어 뜻을 적어보세요~

| | | | |
|---|---|---|---|
| **今朝**(けさ) _____ | **何時**(なんじ) 몇 시 | **起**(お)**きる** _____ | **きのう** 어제 |
| **遅**(おそ)**く** 늦게 | **寝**(ね)**る** 자다 | **実**(じつ)**は** 실은 | **夜遅**(よるおそ)**く** 밤늦게 |
| **~まで** ~까지 (조사) | **レポート** 리포트 | **書**(か)**く** 쓰다 | **少**(すこ)**し** _____ |
| **休**(やす)**む** _____ | **そう** 그렇게 | **コーヒー** _____ | **~でも** _____ |
| **飲**(の)**む** _____ | **アイスコーヒー** 아이스커피 | | |

| 야마다 | 오늘 아침 몇 시에 일어났어요? |
| 미애 | 8시에 일어났어요. |
| 야마다 | 어제 늦게 잤나요? |
| 미애 | 네, 실은 밤늦게까지 리포트를 썼어요. |
| 야마다 | 그렇군요. 좀 쉴까요? |
| 미애 | 네, 그렇게 하죠. 커피라도 안 마실래요? |
| 야마다 | 좋아요. 난 아이스커피로 할래요. |
| | 오늘 아침은 커피를 안 마셨어요. |

❶ ええ 네
긍정의 대답 표현으로, はい와 같은 뜻입니다.

❷ ～にします ～으로 하겠습니다
어떤 것을 선택할 때 자신의 의사를 나타내는 표현입니다.
⬤ A どれにしますか。 어느 것으로 하겠습니까?
　　B この かばんにします。 이 가방으로 하겠습니다.

🎧 MP3 12-15

**1** 다음을 잘 듣고, 밑줄 친 곳에 들어갈 말을 적어 보세요.

1 はちじに おき_____。

2 すこし _____か。

3 わたしは コーヒー____ _____。

쓰고 말하기

**2** 밑줄 친 부분에 들어갈 말을 적고, 소리 내어 말해 보세요.

1 A: きのう 何を しましたか。

B: _____まで レポートを _____ました。 밤늦게까지 리포트를 썼어요.

2 A: コーヒー_____ _____ませんか。 커피라도 안 마실래요?

B: いいですね。

3 A: 何を 食べましたか。

B: 何も 食べ_____。 아무것도 안 먹었어요.

시험 대비 문법

**3** ★에 들어갈 알맞은 말을 고르세요.

1 ええ、_____ ★ _____。_____ _____。

① しましょう ② そう ③ 飲みませんか ④ コーヒーでも

2 いっしょ_____ _____ ★ _____ _____ましょう。

① 写真 ② に ③ とり ④ を

3 _____ ★ _____ _____ _____。

① コーヒーを ② 今朝は ③ 飲みません ④ でした

➡ 정답 214쪽

# 중간 점검 복습문제

지금까지 공부한 내용을 문제를 풀면서 확인해 보세요.
틀린 문제나 헷갈리는 문제는 그 내용을 공부했던 페이지로 돌아가
한 번 더 복습해 주세요.

일본어 공부는
잘 돼가?

그럼~
물론이지!

점수 점

**1** 대화의 연결이 자연스럽지 못한 것을 고르세요. [5점]

① A おはようございます。　B おはよう。

② A ただいま。　B おかえりなさい。

③ A いただきます。　B いってきます。

④ A じゃあね。　B では、また。

**Hint**

いって きます는 '다녀오겠습니다'라는 뜻이에요.

➔ Day 03 (32~36쪽)

**2** 다음 대화의 상황으로 알맞은 것을 고르세요. [5점]

> A さあ、どうぞ。
>
> B はい、いただきます。

① 가격을 물을 때　② 음식을 권할 때

③ 약속을 정할 때　④ 자리를 양보할 때

**Hint**

どうぞ는 음식을 권할 때, 자리를 양보할 때 등 다양한 상황에서 쓸 수 있어요.

➔ Day 04 (38쪽)

**3** 빈칸에 들어갈 말로 알맞은 것은? [5점]

> A 山田さんは 韓国語が 上手ですね。
>
> B いいえ、＿＿＿＿＿です。

① そう　② また

③ まだまだ　④ だいじょうぶ

**Hint**

칭찬받았을 때는 겸손하게 '아직 멀었어요'라고 말해야겠죠?

➔ Day 10 (105쪽)

**4** 빈칸에 들어갈 글자를 순서대로 적은 것을 고르세요. [5점]

> A これ、いくらですか。
>
> B ひ＿＿くじ＿＿う円です。

① や－よ　② や－ゆ

③ や－ゆ　④ よ－ゆ

**Hint**

10은 じゅう, 100은 ひゃく, 1,000은 せん이에요.

➔ Day 07 (69쪽)

**5** 그림을 보고 빈칸에 들어갈 알맞은 말을 고르세요. [10점]

> A かばんは どこに ありますか。
> B かばんは つくえの ＿＿＿に あります。

① ひだり      ② した      ③ どちら      ④ うえ

Hint
ひだり 왼쪽
した 아래
どちら 어느쪽
うえ 위

→ Day 05 (49쪽)

**6** 빈칸에 들어갈 말로 알맞은 것을 고르세요. [10점]

> A すみません。＿＿＿＿＿＿＿＿＿＿＿
> B はい、2,600円です。

① これ、いくらですか。      ② どちらが いいですか。

③ これ、なんですか。      ④ いま なんじですか。

Hint
いくらですか 얼마입니까?
なんですか 무엇입니까?
なんじですか 몇 시입니까?

→ Day 07 (75쪽)

**7** 대화를 읽고 B의 수면 시간을 고르세요. [10점]

> A 木村さんは きのう 何時に 寝ましたか。
> B じゅういちじに 寝ました。
> A 朝は 何時に 起きましたか。
> B ろくじに 起きました。

① 8시간      ② 7시간      ③ 10시간      ④ 11시간

Hint
じゅういちじ 11시
ろくじ 6시

→ Day 07 (70쪽)

**8** 짝지어진 말의 관계가 나머지 넷과 다른 것을 고르세요. [10점]

① たかい － やすい

② ひろい － せまい

③ おいしい － あたたかい

④ あつい － さむい

Hint
반대말끼리 짝지어진 것이 아닌
것을 골라 보세요.

→ Day 09 (88~96쪽)

## 9 빈칸에 들어갈 글자를 고르세요. [10점]

> A 日本語の 勉強は どうですか。
>
> B おもしろいですが、
>   漢字が むずかし＿＿＿＿ たいへんです。

① いて ② くて ③ って ④ んで

**Hint**
い형용사를 '〜하고', '〜해서'로 만들 때는 어미 い를 떼고 くて를 붙여요.

➡ Day09 (90쪽)

## 10 빈칸에 공통으로 들어갈 글자를 고르세요. [10점]

> • この 部屋は しずか＿＿＿＿ きれいです。
> • 田中さんは 学生＿＿＿＿、 山田さんは 先生です。

① く ② で ③ な ④ の

**Hint**
な형용사를 '〜하고', '〜해서'로 만들 때는 어미 だ를 떼고 で를 붙여요.

➡ Day 08 (80쪽)
  Day 10 (100쪽)

## 11 밑줄 친 부분의 쓰임이 바르지 않은 것을 고르세요. [10점]

① 私は 学校で 勉強します。

② バスを 乗りました。

③ バスで 行きます。

④ 彼女は 韓国人では ありません。

**Hint**
'〜을 타다'는 〜に 乗る입니다.

➡ Day 12 (119쪽)

## 12 그림에 대한 설명으로 알맞은 것을 고르세요. [10점]

① あるきながら ほんを よみます。

② おんがくを ききながら ねます。

③ うたを うたいながら あるきます。

④ おんがくを ききながら そうじを します。

**Hint**
本を 読む 책을 읽다
音楽を 聞く 음악을 듣다
歌を 歌う 노래를 부르다
掃除を する 청소를 하다

➡ Day 11 (111쪽)

➡ 정답 214쪽

# Day 14

# 朝ごはんを 食べてから
あさ　　　　　　た

# 会社に 行きます。
かい しゃ　　　　い

아침밥을 먹고 나서 회사에 갑니다.

매일 아침 일어나서
뭐 해요?

아침밥을 먹고 나서
회사에 가요

서울은행

· 이렇게 공부하세요 ·

MP3와 강의를
들어보세요!

| 동영상 강의 | MP3 듣기 | 본책 학습 | 복습용 동영상 |
|---|---|---|---|
| ▶️ | 🎙️ | 📖 | 📒 |
| ☐☐☐ | ☐☐☐ | ☐☐☐ | ☐☐☐ |

| 단어장 | 단어암기 동영상 | 쓰기 노트 |
|---|---|---|
| 📝 | 📝 | 📖 |
| ☐☐☐ | ☐☐☐ | ☐☐☐ |

# 핵심 문장 익히기

**1**

### まいあさ お なに
### 毎朝 起きて 何を しますか。
| 매일 아침 | | 일어나 | 서 | 무엇 | 을 | 합 | 니까? |

---

**〜て** 〜하고, 〜해서　동사의 て형

〜て는 두 개 이상의 동작을 연결하거나 나열할 때(〜하고) 또는 원인이나 이유를 나타 낼 때(〜해서) 사용합니다. 동사 기본형의 어미에 따라 활용 형태가 달라집니다.

| | | | | |
|---|---|---|---|---|
| 1그룹<br>동사 | -く → いて<br>-ぐ → いで | か<u>く</u> 쓰다<br>およ<u>ぐ</u> 헤엄치다 | ➡ | かいて 쓰고, 써서<br>およいで 헤엄치고, 헤엄쳐서 |
| | -う → って<br>-つ<br>-る | あ<u>う</u> 만나다<br>ま<u>つ</u> 기다리다<br>わか<u>る</u> 알다 | ➡<br>➡<br>➡ | あって 만나고, 만나서<br>まって 기다리고, 기다려서<br>わかって 알고, 알아서 |
| | -ぬ → んで<br>-ぶ<br>-む | し<u>ぬ</u> 죽다<br>あそ<u>ぶ</u> 놀다<br>よ<u>む</u> 읽다 | ➡<br>➡<br>➡ | しんで 죽고, 죽어서<br>あそんで 놀고, 놀아서<br>よんで 읽고, 읽어서 |
| | -す → して | はな<u>す</u> 말하다 | ➡ | はなして 말하고, 말해서 |
| 2그룹<br>동사 | -る → て | み<u>る</u> 보다<br>たべ<u>る</u> 먹다 | ➡<br>➡ | みて 보고, 봐서<br>たべて 먹고, 먹어서 |
| 3그룹<br>동사 | | する 하다<br>くる 오다 | ➡<br>➡ | して 하고, 해서<br>きて 오고, 와서 |

예외 동사 行<u>く</u>

行<u>く</u>를 〜て의 형태로 만들면 行いて가 아니라 行って가 됩 니다.

**단어**

**毎朝**(まいあさ) 매일 아침
**起**(お)**きる** 일어나다
**何**(なに) 무엇
**行**(い)**く** 가다

---

공부한 내용을 확인해 보세요!

**❶ 食べる** 먹다 ー ＿＿＿＿＿＿ 먹고, 먹어서

**❷ 行く** 가다 ー ＿＿＿＿＿＿ 가고, 가서

정답
①食べて　②行って

**②**

# 朝ごはんを 食べてから 会社に 行きます。

| 아침밥 | 을 | 먹 | 고 나서 | 회사 | 에 | 갑 | 니다. |

## ～てから ～하고 나서, ～한 후에

～てから는 '～하고 나서', '～한 후에'라는 뜻으로, 한 동작이 완료된 후에 다른 동작을 하는 경우에 쓰는 표현입니다. 동사의 て형에 ～てから를 붙입니다.

| 1그룹<br>동사 | あう 만나다<br>かく 쓰다<br>あそぶ 놀다 | ➡ あって<br>➡ かいて<br>➡ あそんで | あってから 만나고 나서, 만난 후에<br>かいてから 쓰고 나서, 쓴 후에<br>あそんでから 놀고 나서, 논 후에 |
|---|---|---|---|
| 2그룹<br>동사 | みる 보다<br>たべる 먹다 | ➡ みて<br>➡ たべて | みてから 보고 나서, 본 후에<br>たべてから 먹고 나서, 먹은 후에 |
| 3그룹<br>동사 | する 하다<br>くる 오다 | ➡ して<br>➡ きて | してから 하고 나서, 한 후에<br>きてから 오고 나서, 온 후에 |

예 書いてから 読みます。 쓰고 나서 읽습니다.

　 見てから 寝ます。 본 후에 잡니다.

### ～前に

～てから와 반대로 '～하기 전에'는 ～前に라고 합니다. 앞에는 동사 기본형이 옵니다.

예 会社に 行く 前に
　 朝ごはんを 食べます。
　 회사에 가기 전에 아침밥을 먹습니다.

### 단어

**朝(あさ)ごはん** 아침밥

**会社(かいしゃ)** 회사

**書(か)く** 쓰다

**読(よ)む** 읽다

**寝(ね)る** 자다

**宿題(しゅくだい)** 숙제

**遊(あそ)ぶ** 놀다

**テレビ** 텔레비전, TV

### 공부한 내용을 확인해 보세요!

❶ 宿題を ＿＿＿＿＿＿ 遊びます。 숙제를 하고 나서 놀겠습니다.

❷ テレビを ＿＿＿＿＿＿ 寝ます。 TV를 보고 나서 잡니다.

### 정답

① してから　② 見てから

MP3 14-03

**3**

# 日本語を 教えて います。
にほんご / おし

| 일본어 | 를 | 가르치 | 고 | 있습니다. |

## ～て います ～하고 있습니다

～て います는 '～하고 있습니다'라는 뜻입니다. 부정형인 '～하고 있지 않습니다'는 ～て いません이라고 하고, 과거형 '～하고 있었습니다'는 ～て いました라고 합니다.

|  | 기본형 | ～て います<br>～하고 있습니다 | ～て いません<br>～하고 있지 않습니다 | ～て いました<br>～하고 있었습니다 |
|---|---|---|---|---|
| 1그룹<br>동사 | まつ<br>기다리다 | まって います<br>기다리고 있습니다 | まって いません<br>기다리고 있지 않습니다 | まって いました<br>기다리고 있었습니다 |
| 2그룹<br>동사 | みる<br>보다 | みて います<br>보고 있습니다 | みて いません<br>보고 있지 않습니다 | みて いました<br>보고 있었습니다 |
| 3그룹<br>동사 | する<br>하다 | して います<br>하고 있습니다 | して いません<br>하고 있지 않습니다 | して いました<br>하고 있었습니다 |
| | くる<br>오다 | きて います<br>오고 있습니다 | きて いません<br>오고 있지 않습니다 | きて いました<br>오고 있었습니다 |

예 仕事を して いません。 일을 하고 있지 않습니다.
しごと

9時まで 待って いました。 9시까지 기다리고 있었습니다.
くじ / ま

**공부한 내용을 확인해 보세요!**

❶ 日本語を _____ います。 일본어를 쓰고 있습니다.
にほんご

❷ 田中さんが まだ _____ いません。
たなか
다나카 씨가 아직 오지 않았습니다.

**왕초보 탈출 tip**

います의 기본형은 いる(있다)입니다.

**단어**

日本語(にほんご) 일본어
教(おし)える 가르치다
仕事(しごと) 일, 업무
～まで ～까지 (조사)
待(ま)つ 기다리다
バス 버스
来(く)る 오다

**정답**

① 書(か)いて ② 来(き)て

**4**

<ruby>銀<rt>ぎん</rt></ruby><ruby>行<rt>こう</rt></ruby>に <ruby>勤<rt>つと</rt></ruby>めて います。

은행 　에　　근무하　고　　　있습니다.

## ~て います의 쓰임

~て います는 '~하고 있습니다'라는 진행의 뜻뿐만 아니라 상태, 반복되는 동작을 나타냅니다.

**1** 동작이나 행동이 '**현재 진행**'되고 있는 경우

예 ニュースを <ruby>見<rt>み</rt></ruby>て います。 뉴스를 보고 있습니다.

**2** 습관적으로 '**반복되는 동작**'이나 '**직업**'의 경우
   예 <ruby>貿易会社<rt>ぼうえきがいしゃ</rt></ruby>に <ruby>勤<rt>つと</rt></ruby>めて います。 무역회사에 근무하고 있습니다.

**3** '**현재의 상태**'를 나타내는 경우

예 ソウルに <ruby>住<rt>す</rt></ruby>んで います。 서울에 삽니다.
   （住みます ×）

**복합명사의 발음**

貿易会社에서 会는 がい로 발음됩니다. 이렇게 두 개의 명사가 합쳐져 한 단어가 될 때는 뒤에 오는 명사의 첫 음은 탁음으로 변하기도 합니다.

**단어**

**銀行**(ぎんこう) 은행
**~に 勤**(つと)**める** ~에 근무하다
**ニュース** 뉴스
**貿易会社**(ぼうえきがいしゃ)
　무역회사
**ソウル** 서울
**~に 住**(す)**む** ~에 살다

**공부한 내용을 확인해 보세요!**

❶ ニュースを _____ います。 뉴스를 보고 있습니다.
❷ <ruby>銀行<rt>ぎんこう</rt></ruby>に _____ います。 은행에 근무하고 있습니다.

**정답**

① 見て　② 勤めて

## 리얼 회화 연습

🎧 **MP3** 14-05 들어 보기 　🎤 **MP3** 14-06 회화 훈련

**1**

### 毎朝　起きて　何を　しますか。
<small>まいあさ　お　　　　なに</small>

매일 아침 일어나서 뭘 해요?

(1)　会社に　行く
<small>かいしゃ　　い</small>

(2)　家に　帰る
<small>いえ　　かえ</small>

(3)　友達に　会う
<small>ともだち　　あ</small>

(4)　学校が　終わる
<small>がっこう　　お</small>

**단어**

**会社**(かいしゃ) 회사
**行**(い)**く** 가다
**家**(いえ) 집
**帰**(かえ)**る** 돌아가다
**友達**(ともだち) 친구
**〜に 会**(あ)**う** 〜를 만나다
**学校**(がっこう) 학교
**終**(お)**わる** 끝나다, 마치다

🎧 **MP3** 14-07 들어 보기 　🎤 **MP3** 14-08 회화 훈련

**2**

### 朝ごはんを　食べてから
<small>あさ　　　　　た</small>

### 会社に　行きます。
<small>かいしゃ　　い</small>
아침밥을 먹고 나서 회사에 가요.

(1)　シャワーを　あびる　　　　寝る
<small>　　　　　　　　　　　　　　　ね</small>

(2)　歯を　みがく　　　　　　顔を　洗う
<small>は　　　　　　　　　　　かお　あら</small>

(3)　ごはんを　食べる　　　コーヒーを　飲む
<small>　　　　　た　　　　　　　　　　　の</small>

(4)　宿題を　する　　　　　友達と　遊ぶ
<small>しゅくだい　　　　　　　ともだち　あそ</small>

**단어**

**シャワーを あびる** 샤워를 하다
**寝**(ね)**る** 자다
**歯**(は)**を みがく** 이를 닦다
**顔**(かお)**を 洗**(あら)**う** 세수를 하다
**コーヒー** 커피
**飲**(の)**む** 마시다
**宿題**(しゅくだい) 숙제
**〜と** 〜와, 〜랑 (조사)
**遊**(あそ)**ぶ** 놀다

🎧 MP3 14-09 들어 보기　🎤 MP3 14-10 회화 훈련

**3**

A 　お姉さんの　お仕事は？　누님은 무슨 일을 하세요?
（ねえ）　　（し ごと）

B 　銀行に　勤めて　います。　은행에 근무하고 있어요.
（ぎんこう）　（つと）

(1) 妹さん　　　　　　アルバイトを　する
　　（いもうと）

(2) 息子さん　　　　　旅行会社に　勤める
　　（むすこ）　　　　　（りょこうがいしゃ）（つと）

(3) お父さん　　　　　貿易会社に　勤める
　　（とう）　　　　　　（ぼうえきがいしゃ）（つと）

(4) だんなさん　　　　郵便局で　働く
　　　　　　　　　　　（ゆうびんきょく）（はたら）

**단어**

**お姉(ねえ)さん** 누님
**仕事(しごと)** 일, 업무
**妹(いもうと)さん** 여동생분
**アルバイト** 아르바이트
**息子(むすこ)さん** 아드님
**旅行会社(りょこうがいしゃ)** 여행사
**お父(とう)さん** 아버님
**貿易会社(ぼうえきがいしゃ)** 무역회사
**だんなさん** 남편분
**郵便局(ゆうびんきょく)** 우체국
**~で 働(はたら)く** ~에서 일하다

🎧 MP3 14-11 들어 보기　🎤 MP3 14-12 회화 훈련

**4**

A 今　何を　して　いますか。　지금 무엇을 하고 있어요?
　（いま）（なに）

B テレビを　見て　います。　TV를 보고 있어요.
　　　　　　（み）

(1) 買い物を　する
　　（か）（もの）

(2) インターネットを　する

(3) 本を　読む
　　（ほん）（よ）

(4) 音楽を　聞く
　　（おんがく）（き）

**단어**

**今(いま)** 지금
**テレビ** 텔레비전, TV
**買(か)い物(もの)** 쇼핑, 장보기
**インターネット** 인터넷
**本(ほん)** 책
**読(よ)む** 읽다
**音楽(おんがく)** 음악
**聞(き)く** 듣다

🎧 MP3 14-13 들어 보기　🎤 MP3 14-14 회화 훈련

キムさんは 毎朝 起きて 何を しますか。

顔を 洗って、朝ごはんを 食べてから

会社に 行きます。

そうですか。お仕事は❶？

銀行に 勤めて います。

会社が 終わってから 何を しますか。

アルバイトで 日本語を 教えて います。

すごいですね。

🍜 단어 뜻을 적어보세요~

| | | | |
|---|---|---|---|
| 毎朝(まいあさ) _____ | 起(お)きる _____ | 何(なに) _____ | 顔(かお)を 洗(あら)う 세수를 하다 |
| 朝(あさ)ごはん _____ | 食(た)べる _____ | ～てから ～하고 나서 | 会社(かいしゃ) _____ |
| 行(い)く _____ | 仕事(しごと) 일, 업무 | 銀行(ぎんこう) _____ | ～に 勤(つと)める _____ |
| 終(お)わる 끝나다, 마치다 | アルバイト 아르바이트 | 日本語(にほんご) _____ | 教(おし)える _____ |
| すごい 대단하다, 광장하다 | | | |

138

| 다카하시 | 지연 씨는 매일 아침 일어나서 무엇을 해요? |
|---|---|
| 지연 | 세수를 하고 아침밥을 먹고 나서<br>회사에 가요. |
| 다카하시 | 그래요? 하시는 일은 뭐예요? |
| 지연 | 은행에 근무하고 있어요. |
| 다카하시 | 회사가 끝나고 나서 무엇을 해요? |
| 지연 | 아르바이트로 일본어를 가르치고 있어요. |
| 다카하시 | 대단하네요. |

❶ お仕事は？ 하시는 일은 무엇입니까?, 무슨 일을 하세요?
お仕事は 뒤에 何ですか가 생략된 형태로, '무슨 일을 하세요?', '하시는 일은 무엇입니까?'라는 뜻입니다.

🎧 듣고 말하기    🎧 MP3 14-15

**1** 다음을 잘 듣고, 밑줄 친 곳에 들어갈 말을 적어 보세요.

1  かおを _____ あさごはんを たべます。

2  にほんごを _____ います。

3  _____ですね。

✏️ 쓰고 말하기

**2** 밑줄 친 부분에 들어갈 말을 적고, 소리 내어 말해 보세요.

1  A: 今 何を して いますか。

   B: ケーキを _____ います。 케이크를 먹고 있어요.

2  A: 学校が _____ 何を _____。 학교가 끝나고 나서 무엇을 합니까?
   B: 友達に 会います。

3  A: キムさんの お仕事は？
   B: 銀行_____ _____ います。 은행에 근무하고 있어요.

📖 시험 대비 문법

**3** ★에 들어갈 알맞은 말을 고르세요.

1  アルバイト_____ ★_____ _____ _____。
   ① 日本語を    ② います    ③ で    ④ 教えて

2  _____ ★_____ _____ _____ます。
   ① 行き    ② 食べてから    ③ 朝ごはんを    ④ 会社に

3  何を _____ ★_____ _____。_____ _____ います。
   ① コーヒーを    ② して    ③ 飲んで    ④ いますか

➡️ 정답 214쪽

# Day 15

# 日本に 行こうと 思って います。

일본에 가려고 생각하고 있습니다.

## · 이렇게 공부하세요 ·

MP3와 강의를
들어보세요!

| 동영상 강의 | MP3 듣기 | 본책 학습 | 복습용 동영상 |
| --- | --- | --- | --- |
| ☐☐☐ | ☐☐☐ | ☐☐☐ | ☐☐☐ |

| 단어장 | 단어암기 동영상 | 쓰기 노트 |
| --- | --- | --- |
| ☐☐☐ | ☐☐☐ | ☐☐☐ |

🎧 MP3 15-01

**1**

# 日本に 行こうと 思って います。
일본　　에　　　가　　려고　　　생각하　고　　　있습니다.

## 동사의 의지형

위 문장에서 行こう는 동사의 의지형입니다. ～(よ)う 형태인 동사의 의지형은 '～하자'라는 뜻으로, 주어의 생각이나 의지를 나타냅니다.

| 1그룹<br>동사 | 어미를 お단으로<br>+う | あう 만나다<br>いく 가다<br>はなす 이야기하다<br>まつ 기다리다<br>のる 타다 | ➡ | あおう 만나자<br>いこう 가자<br>はなそう 이야기하자<br>まとう 기다리자<br>のろう 타자 |
|---|---|---|---|---|
| 2그룹<br>동사 | 어미 る를 떼고<br>+よう | みる 보다<br>たべる 먹다 | ➡ | みよう 보자<br>たべよう 먹자 |
| 3그룹<br>동사 | | する 하다<br>くる 오다 | ➡ | しよう 하자<br>こよう 오자 |

## 동사의 의지형 + と 思って います ～하려고 생각하고 있습니다

～と 思って います는 앞으로 어떤 일이나 행동을 하려고 할 때 쓰는 표현입니다. と 앞에는 동사의 의지형을 씁니다. 많이 쓰는 표현이니 꼭 외워 두세요.

例 **勉強を しようと 思って います.** 공부를 하려고 생각하고 있습니다.
　 **電車に 乗ろうと 思って います.** 전철을 타려고 생각하고 있습니다.

 공부한 내용을 확인해 보세요!

❶ _____ と 思って います. 가려고 생각하고 있습니다.

❷ **勉強を しようと** _____. 공부를 하려고 생각하고 있습니다.

**단어**

**日本**(にほん) 일본
**行**(い)く 가다
**思**(おも)う 생각하다
**勉強**(べんきょう) 공부
**電車**(でんしゃ) 전철
**～に 乗**(の)る ～을 타다

**정답**
① 行こう ② 思って います

**2**

# チケットを 予約する つもりです。

| 티켓 | 을 | 예약할 | 생각입니다. |

## 동사의 기본형＋つもりです ~할 생각입니다, ~할 작정입니다

つもり는 '생각', '작정'이란 뜻입니다. ~つもりです라고 하면 '~할 생각입니다', '~할 작정입니다'라는 뜻의 계획이나 예정을 나타내는 표현이 됩니다. つもりです 앞에는 동사의 기본형이 옵니다.

예
家で 休む つもりです。 집에서 쉴 생각입니다.

今から 出かける つもりです。 지금부터 외출할 생각입니다.

### 동사의 기본형＋予定です ~할 예정입니다

~予定です는 확실하게 정해진 일정이나 계획을 말할 때 사용합니다.

예
夏休みには アメリカに 行く 予定です。 여름휴가 때에는 미국에 갈 예정입니다.

来年、卒業する 予定です。 내년에 졸업할 예정입니다.

**단어**

**チケット** 티켓
**予約**(よやく)**する** 예약하다
**家**(いえ) 집
**休**(やす)**む** 쉬다, 휴식하다
**今**(いま)**から** 지금부터
**出**(で)**かける** 외출하다, 나가다
**夏休**(なつやす)**み** 여름휴가
**アメリカ** 미국
**来年**(らいねん) 내년
**卒業**(そつぎょう) 졸업

**공부한 내용을 확인해 보세요!**

❶ 家で 休む ＿＿＿＿＿ です。 집에서 쉴 생각입니다.

❷ チケットを 予約＿＿＿＿ つもりです。 티켓을 예약할 생각입니다.

**정답**

① つもり　② する

MP3 15-03

**3**

# 私も 行きたいです。
<ruby>私<rt>わたし</rt></ruby>も <ruby>行<rt>い</rt></ruby>きたいです。

나 도 　　가 　　고 싶습니다.

## 동사의 ます형 + たいです ~하고 싶습니다

동사의 ます형 다음에 ~たい를 붙이면 '~하고 싶다'라는 뜻이 됩니다. 그 뒤에 です를 붙여서 ~たいです라고 하면 '~하고 싶습니다'라는 뜻이 됩니다.

| 1그룹 동사 | かく 쓰다 ➡ か**き**ます | か**き**たい 쓰고 싶다 | か**き**たいです 쓰고 싶습니다 |
| | よむ 읽다 ➡ よ**み**ます | よ**み**たい 읽고 싶다 | よ**み**たいです 읽고 싶습니다 |
| 2그룹 동사 | みる 보다 ➡ みます | みたい 보고 싶다 | みたいです 보고 싶습니다 |
| | たべる 먹다 ➡ たべます | たべたい 먹고 싶다 | たべたいです 먹고 싶습니다 |
| 3그룹 동사 | する 하다 ➡ します | したい 하고 싶다 | したいです 하고 싶습니다 |
| | くる 오다 ➡ きます | きたい 오고 싶다 | きたいです 오고 싶습니다 |

例 <ruby>日本<rt>に ほん</rt></ruby>に <ruby>行<rt>い</rt></ruby>きたいです。 일본에 가고 싶습니다.
　<ruby>家<rt>いえ</rt></ruby>で <ruby>休<rt>やす</rt></ruby>みたいです。 집에서 쉬고 싶습니다.

…が ~たい

'…을 ~하고 싶다'라고 할 때는 ~たい 앞에 조사 を와 が 둘 다 쓸 수 있습니다.

例 ケーキを <ruby>食<rt>た</rt></ruby>べたいです。
　=ケーキが <ruby>食<rt>た</rt></ruby>べたいです。
　케이크를 먹고싶습니다.

단어

**ケーキ** 케이크
**テレビ** 텔레비전, TV

📣 공부한 내용을 확인해 보세요!

❶ <ruby>日本<rt>に ほん</rt></ruby>に _____ です。 일본에 가고 싶습니다.

❷ テレビが _____ 。 TV를 보고 싶다.

정답

① <ruby>行<rt>い</rt></ruby>きたい　② <ruby>見<rt>み</rt></ruby>たい

**4**

# パスポートを　準備して　おきました。
<sub>じゅん び</sub>

| 여권 | 을 | 준비 | 해 | 두었습니다. |

---

## ～て おく　～해 두다, ～해 놓다

～て おく는 '～해 두다', '～해 놓다'라는 뜻으로, 동작이나 행동이 완료된 상태를 나타냅니다. 앞에는 동사의 て형이 옵니다. '～해 둡니다', '～해 놓습니다'는 ～て おきます라고 하고, '～해 두었습니다', '～해 놓았습니다'는 ～て おきました라고 합니다.

예
食べる 먹다 ＋ て おく ➡ 食べて おく 먹어 두다, 먹어 놓다
<sub>た</sub>　　　　　　　　　　　　<sub>た</sub>

買う 사다 ＋ て おく ➡ 買って おく 사 두다, 사 놓다
<sub>か</sub>　　　　　　　　　　　<sub>か</sub>

読む 읽다 ＋ て おく ➡ 読んで おく 읽어 두다, 읽어 놓다
<sub>よ</sub>　　　　　　　　　　　<sub>よ</sub>

**～て＋보조동사**

～て おく(～て＋おく)처럼 ～て 뒤에 보조동사를 연결하는 표현들 중에 자주 쓰이는 것들은 통째로 외워 두세요. て 뒤의 보조동사는 한자로 쓰지 않고 히라가나로 쓰는 것이 원칙입니다.

예
～て くる ～하고 오다
～て いく ～하고 가다
～て しまう ～해 버리다
～て みる ～해 보다

**단어**

パスポート 여권
準備(じゅんび) 준비
買(か)う 사다

---

공부한 내용을 확인해 보세요!

❶ 準備は　して　_____か。　준비는 해 두었습니까?
<sub>じゅん び</sub>

❷ ケーキを　_____　おきました。　케이크를 사 놓았습니다. (사 두었습니다)

정답

① おきました　② 買って
<sub>か</sub>

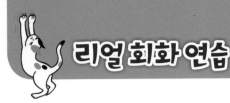

# 리얼 회화 연습

🎧 MP3 15-05 들어 보기　🎤 MP3 15-06 회화 훈련

**1**

## 日本に　行こうと　思って　います。
にほん　い　　　　　　おも

일본에 가려고 생각하고 있어요.

(1) 少し　休む
　　すこ　やす

(2) 運転免許を　とる
　　うんてんめんきょ

(3) 先生に　話す
　　せんせい　はな

(4) 結婚する
　　けっこん

**단어**

少(すこ)し 조금
休(やす)む 쉬다
運転(うんてん) 운전
免許(めんきょ)を とる 면허를 따다
話(はな)す 이야기하다
結婚(けっこん) 결혼

🎧 MP3 15-07 들어 보기　🎤 MP3 15-08 회화 훈련

**2**

## チケットを　予約する　つもりです。
よやく

티켓을 예약할 생각이에요.

(1) 家で　休む
　　いえ　やす

(2) 今から　出かける
　　いま　　で

(3) 旅行に　行く
　　りょこう　い

(4) 会社を　やめる
　　かいしゃ

**단어**

家(いえ) 집
今(いま)から 지금부터
出(で)かける 외출하다, 나가다
旅行(りょこう)に 行(い)く 여행 가다
やめる 그만두다

**③**

## 私も 行きたいです。

나도 가고 싶어요.

(1) おいしい 料理を 食べる

(2) アメリカーノを 飲む

(3) 家族に 会う

(4) ヨーロッパに 行く

**단어**

**おいしい** 맛있다
**料理(りょうり)** 요리
**アメリカーノ** 아메리카노
**飲(の)む** 마시다
**家族(かぞく)** 가족
**〜に 会(あ)う** 〜를 만나다
**ヨーロッパ** 유럽

**④**

## パスポートを 準備して おきました。

여권을 준비해 두었어요.

(1) 花　　　　　　　　買う

(2) プレゼント　　　　考える

(3) ホテル　　　　　　予約する

(4) 薬　　　　　　　　飲む

**단어**

**花(はな)** 꽃
**買(か)う** 사다
**プレゼント** 선물
**考(かんが)える** 생각하다
**ホテル** 호텔
**薬(くすり)を 飲(の)む** 약을 먹다

キムさんは 来月の 休みに どこか❶ 行きますか。

はい、日本に 行こうと 思って います。

いいですね❷。私も 行きたいですね。

では、日本の どこへ 行きますか。

京都と 大阪に 行きます。

これから 飛行機の チケットを 予約する つもりです。

パスポートなどは 準備して おきましたか。

はい、もちろんです。

---

### 단어 뜻을 적어보세요~

| | | | |
|---|---|---|---|
| 来月(らいげつ) 다음 달 | 休(やす)み 휴가, 휴일 | 行(い)く _____ | 日本(にほん) _____ |
| 思(おも)う _____ | では 그럼, 그러면 | 京都(きょうと) 교토 | ～と ～와/과 |
| 大阪(おおさか) 오사카 | これから 이제부터, 앞으로 | 飛行機(ひこうき) 비행기 | チケット _____ |
| 予約(よやく)する _____ | パスポート _____ | ～など ～등 | 準備(じゅんび) _____ |
| ～ておく _____ | もちろん 물론 | | |

| 다카하시 | 지연 씨는 다음 달 휴가에 어딘가 가나요? |
| 지연 | 네, 일본에 가려고 생각하고 있어요. |
| 다카하시 | 좋겠네요. 나도 가고 싶네요. |
| | 그럼, 일본 어디로 가나요? |
| 지연 | 교토와 오사카에 가요. |
| | 이제부터 비행기 티켓을 예약할 생각이에요. |
| 다카하시 | 여권 등은 준비해 두었나요? |
| 지연 | 네, 물론이에요. |

❶ どこか 어딘가, 어딘지
どこ(어디) 뒤에 의문의 か를 붙이면 '어딘가', '어딘지'라는 뜻이 됩니다. いつか(언젠가), なにか(뭔가), だれか(누군가)도 같이 알아두세요.

❷ いいですね 좋겠네요, 좋았겠어요
いいですね는 상대방의 의견에 공감하거나 상대방을 칭찬할 때는 '좋겠네요', '좋았겠어요'라는 뜻으로 쓰입니다.
예 A 週末に 旅行しました。 주말에 여행했어요.
    B いいですね。 좋았겠어요.

듣고 말하기 🎧 MP3 15-15

**1** 다음을 잘 듣고, 밑줄 친 곳에 들어갈 말을 적어 보세요.

1 よやくして ＿＿＿＿＿＿＿か。

2 にほんに いく ＿＿＿＿＿＿です。

3 ＿＿＿＿＿＿です。

쓰고 말하기

**2** 밑줄 친 부분에 들어갈 말을 적고, 소리 내어 말해 보세요.

1 A: 来月の 休みに どこか 行きますか。

 B: 日本に ＿＿＿＿＿と ＿＿＿＿＿ います。 일본에 가려고 생각하고 있어요.

2 A: 何が したいですか。

 B: サッカーが ＿＿＿＿＿＿＿＿＿。 축구를 하고 싶어요.

3 A: プレゼントは ＿＿＿＿＿ ＿＿＿＿＿。 선물은 사 두었습니까?

 B: はい、買って おきました。

시험 대비 문법

**3** ★에 들어갈 알맞은 말을 고르세요.

1 バスに ＿＿★＿＿ ＿＿＿＿ ＿＿＿＿ ＿＿＿＿。

 ① と ② 乗ろう ③ います ④ 思って

2 パスポート＿＿＿＿ ＿＿＿＿ ＿＿＿＿ ＿★＿か。

 ① は ② おきました ③ 準備して ④ など

3 飛行機＿＿★＿＿ ＿＿＿＿ ＿＿＿＿ ＿＿＿＿です。

 ① チケットを ② つもり ③ の ④ 予約する

➡ 정답 | 214쪽

# 大<sub>おお</sub>きい 声<sub>こえ</sub>で 読<sub>よ</sub>んで もらえますか。

큰 소리로 읽어 주시겠어요?

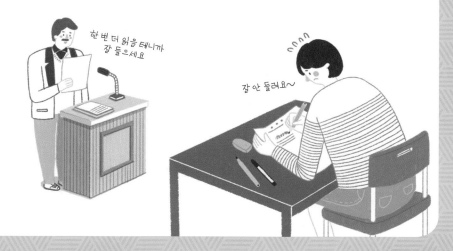

MP3와 강의를
들어보세요!

· 이렇게 공부하세요 ·

🎧 MP3 16-01

**1**

# テストを 受けたく ないです。
う

시험 을 보 고 싶지 않습니다.

## ～たく ないです ～하고 싶지 않습니다

～たい(～하고 싶다)의 부정형은 い형용사의 부정형을 만드는 법과 똑같습니다. ～た
い에서 어미 い를 떼고 くない를 붙여서 ～たく ない라고 하면 되죠. 그 뒤에 です
를 붙여서 ～たく ないです라고 하면 '～하고 싶지 않습니다'라는 뜻이 됩니다.

| 1그룹<br>동사 | かく 쓰다 | ➡ | かきたい<br>쓰고 싶다 | かきたく ない<br>쓰고 싶지 않다 | かきたく ないです<br>쓰고 싶지 않습니다 |
|---|---|---|---|---|---|
| | よむ 읽다 | ➡ | よみたい<br>읽고 싶다 | よみたく ない<br>읽고 싶지 않다 | よみたく ないです<br>읽고 싶지 않습니다 |
| 2그룹<br>동사 | みる 보다 | ➡ | みたい<br>보고 싶다 | みたく ない<br>보고 싶지 않다 | みたく ないです<br>보고 싶지 않습니다 |
| | たべる 먹다 | ➡ | たべたい<br>먹고 싶다 | たべたく ない<br>먹고 싶지 않다 | たべたく ないです<br>먹고 싶지 않습니다 |
| 3그룹<br>동사 | する 하다 | ➡ | したい<br>하고 싶다 | したく ない<br>하고 싶지 않다 | したく ないです<br>하고 싶지 않습니다 |
| | くる 오다 | ➡ | きたい<br>오고 싶다 | きたく ない<br>오고 싶지 않다 | きたく ないです<br>오고 싶지 않습니다 |

### ～たい의 과거형

～たい의 과거형 역시 い형용사
의 과거형을 만드는 법과 똑같습
니다. 어미 い를 떼고 かった를
붙여서 ～たかった(～하고 싶었
다)라고 하면 되죠.

예 かきたい 쓰고 싶다
→ かきたかった 쓰고 싶었다
かきたく ない 쓰고 싶지 않다
→ かきたく なかった
쓰고 싶지 않았다

### 단어

**テストを 受(う)ける** 시험을 보다
**勉強(べんきょう)する** 공부하다
**読(よ)む** 읽다

---

### 공부한 내용을 확인해 보세요!

❶ 勉強<br>べんきょう _____ ないです。 공부하고 싶지 않습니다.

❷ その 本、<br>ほん _____ です。 그 책, 읽고 싶었어요.

정답

① したく ② 読みたかった<br>よ

**2**

# 名前を 書いて ください。
### な まえ / か

| 이름 | 을 | 써 | 주세요. |

## ～て ください ～해 주세요, ～해 주십시오

ください는 '주세요'라는 뜻인데, ～て ください의 형태가 되면 '～해 주세요'라는
뜻이 됩니다. 상대방에게 뭔가를 부탁하거나 요청할 때 정말 많이 쓰는 표현입니다.

| 1그룹<br>동사 | かく 쓰다 | ➡ かいて | かいて ください 써 주세요 |
|---|---|---|---|
| | はなす 이야기하다 | ➡ はなして | はなして ください 이야기해 주세요 |
| | まつ 기다리다 | ➡ まって | まって ください 기다려 주세요 |
| 2그룹<br>동사 | みる 보다 | ➡ みて | みて ください 봐 주세요 |
| | たべる 먹다 | ➡ たべて | たべて ください 먹어 주세요, 드세요 |
| 3그룹<br>동사 | する 하다 | ➡ して | して ください 해 주세요 |
| | くる 오다 | ➡ きて | きて ください 와 주세요 |

예 遊びに 来て ください。 놀러 오세요.
あそ　き

おもしろいですから、ぜひ 見て ください。 재미있으니까 꼭 보세요.
み

遊びに 来る
あそ　く

遊びに 来て에서 に는 '～하러'
라는 뜻으로, 목적을 나타냅니다.

～に 来る ～하러 오다
　く
～に 行く ～하러 가다
　い

**단어**

名前(なまえ) 이름
書(か)く 쓰다
遊(あそ)びに 来(く)る 놀러 오다
おもしろい 재미있다
ぜひ 꼭

### 공부한 내용을 확인해 보세요!

❶ 名前を ＿＿＿＿＿＿ ください。 이름을 써 주세요.
な まえ

❷ ぜひ 見て ＿＿＿＿＿＿。 꼭 보세요.
み

정답

① 書いて ② ください
　か

🎧 MP3 16-03

**3**

# 書く ところを 教えて くださいますか。

| 쓰는 | 곳 | 을 | 알려 | 주시겠어요? |

## ～て くださいますか ～해 주시겠어요?

～て くださいますか라고 하면 ～て ください보다 정중한 표현이 됩니다. 이보다 더 정중하게 표현할 때는 ～て くださいませんか(~해 주시지 않겠습니까?)라고 합니다.

예 ゆっくり 話して くださいますか。 천천히 얘기해 주시겠어요?

ゆっくり 話して くださいませんか。 천천히 얘기해 주시지 않겠습니까?

**단어**

**ところ** 곳
**教(おし)える** 가르치다, 알려주다
**ゆっくり** 천천히
**話(はな)す** 이야기하다, 말하다

 **공부한 내용을 확인해 보세요!**

❶ ちょっと 待って ＿＿＿＿＿＿＿＿。 잠시 기다려 주시겠습니까?

❷ 名前を ＿＿＿＿＿ くださいますか。 이름을 알려 주시겠어요?

 정답

① くださいますか ② 教えて

**4**

# 大きい 声で 読んで もらえますか。
おお　　こえ　　　　よ

| 큰 | 목소리 | 로 | 읽어 | 주실래요? |

## ～て もらえますか ～해 주실 수 있어요?, ～해 주실래요?

～て もらえますか는 주로 상대방에게 부탁하거나 요청한 행동이 말하는 이에게 혜택을 주는 경우에 쓰입니다. 좀 더 정중하게 말하려면 ～て もらえませんか(～해 주실 수 없을까요?)라고 합니다.

예 **ちょっと 見て もらえますか。** 좀 봐 주실 수 있어요?
　　み

　　**いっしょに 行って もらえますか。** 같이 가 주실래요?
　　　　　　　い

> **～て いただけますか ～해 주시겠습니까?**
> --------
> ～て いただけますか는 ～て もらえますか보다 훨씬 더 정중한 표현입니다.
> ますか 대신 ませんか를 쓰면 더더욱 정중한 표현이 됩니다.
> 예 **ここに 書いて いただけますか。** 여기에 써 주시겠습니까?
> 　　　　 か
> 　　**ここに 書いて いただけませんか。** 여기에 써 주지 않겠습니까?

**부탁·의뢰 표현**

아래쪽으로 갈수록 더 정중한 표현입니다.

~てください ～해 주세요
~てくださいますか
～해 주시겠어요?
~てくださいませんか
～해 주시지 않겠습니까?
~てもらえますか
～해 주실 수 있어요?
~てもらえませんか
～해 주실 수 없을까요?
~ていただけますか
～해 주시겠습니까?
~ていただけませんか
～해 주시지 않겠습니까?

**단어**

**大(おお)きい** 크다
**声(こえ)** 목소리
**サイン** 사인

---

**공부한 내용을 확인해 보세요!**

❶ **ここに ＿＿＿＿＿＿ もらえますか。** 여기에 써 주실 수 있어요?

❷ **サインを して ＿＿＿＿＿＿ ませんか。** 사인을 해 주지 않겠습니까?

**정답**

①書いて ②ください
　 か
　 또는 もらえ 또는 いただけ

# 리얼 회화 연습

**1**

## テストを 受<sup>う</sup>けたく ないです。

시험을 보고 싶지 않아요.

(1) お酒<sup>さけ</sup>を 飲<sup>の</sup>む

(2) 漢字<sup>かんじ</sup>を 勉強<sup>べんきょう</sup>する

(3) 残業<sup>ざんぎょう</sup>する

(4) 野菜<sup>やさい</sup>を 食<sup>た</sup>べる

**단어**

お酒<sup>(さけ)</sup> 술

飲<sup>(の)</sup>む 마시다

漢字<sup>(かんじ)</sup> 한자

勉強<sup>(べんきょう)</sup>する 공부하다

残業<sup>(ざんぎょう)</sup>する 야근하다

野菜<sup>(やさい)</sup> 야채

**2**

## 名前<sup>なまえ</sup>を 書<sup>か</sup>いて ください。

이름을 써 주세요.

(1) メールを 送<sup>おく</sup>る

(2) 遊<sup>あそ</sup>びに 来<sup>く</sup>る

(3) 料理<sup>りょうり</sup>を 作<sup>つく</sup>る

(4) 病院<sup>びょういん</sup>に 行<sup>い</sup>く

**단어**

メール 메일, 문자

送<sup>(おく)</sup>る 보내다

遊<sup>(あそ)</sup>びに 来<sup>(く)</sup>る 놀러 오다

料理<sup>(りょうり)</sup> 요리

作<sup>(つく)</sup>る 만들다

病院<sup>(びょういん)</sup> 병원

〜に 行<sup>(い)</sup>く 〜에 가다

**3**

# 書く ところを 教えて くださいますか。

쓰는 곳을 알려 주시겠어요?

(1) 道を 教える

(2) ここで 待つ

(3) 写真を とる

(4) いっしょに 行く

**단어**

**道**(みち) 길

**待**(ま)**つ** 기다리다

**写真**(しゃしん)**を とる** 사진 찍다

**いっしょに** 함께

**4**

# 大きい 声で 読んで もらえますか。

큰 목소리로 읽어 주실래요?

(1) サインを する

(2) 荷物を 持つ

(3) 手伝う

(4) ごみを 捨てる

**단어**

**サイン** 사인

**荷物**(にもつ) 짐

**持**(も)**つ** 들다

**手伝**(てつだ)**う** 돕다

**ごみ** 쓰레기

**捨**(す)**てる** 버리다

これから❶ テストを 始(はじ)めます。

あ〜、テスト 受(う)けたく ないです。

まず、紙(かみ)に 名前(なまえ)を 書(か)いて ください。

先生(せんせい)、名前(なまえ)を 書(か)く ところを 教(おし)えて くださいますか。

いちばん❷ 上(うえ)の 右(みぎ)がわに 書(か)いて ください。

では、始(はじ)めます。一番(いちばん)❷、「はじめまして」。

先生(せんせい)、もう 少(すこ)し 大(おお)きい 声(こえ)で 読(よ)んで もらえますか。

よく 聞(き)こえません。

じゃ、もう 一度(いちど) 読(よ)みますから よく 聞(き)いて ください。

---

### 단어 뜻을 적어보세요~

| | | | |
|---|---|---|---|
| テストを 受(う)ける _____ | 始(はじ)める 시작하다 | まず 우선 | 紙(かみ) 종이 |
| 名前(なまえ) _____ | 書(か)く _____ | ところ _____ | 教(おし)える _____ |
| 上(うえ) 위 | 右(みぎ)がわ 오른쪽 | では 그럼, 그러면 (=じゃ) | もう 少(すこ)し 좀 더 |
| 声(こえ) _____ | 読(よ)む _____ | よく 잘 | 聞(き)こえる 들리다 |
| もう 一度(いちど) 한번 더 | 〜から 〜하니까 (이유) | 聞(き)く 듣다 | |

| 선생님 | 이제부터 시험을 시작하겠습니다. |
| --- | --- |
| 미애 | 아~, 시험 안 보고 싶어요. |
| 선생님 | 우선, 종이에 이름을 쓰세요. |
| 미애 | 선생님, 이름을 쓰는 곳을 가르쳐 주시겠어요? |
| 선생님 | 맨 위의 오른쪽에 쓰세요.<br>그럼, 시작할게요. 1번, '하지메마시떼'. |
| 미애 | 선생님, 좀 더 큰 소리로 읽어 주실래요?<br>잘 안 들려요. |
| 선생님 | 그럼, 한 번 더 읽을 테니까 잘 들으세요. |

**❶ これから** 이제부터, 앞으로

これからは '이제부터', '앞으로'라는 뜻으로, 今から와도 같은 뜻입니다.

**❷ いちばん** 가장, 1번

いちばん은 두 가지 뜻을 가지고 있습니다. '가장', '제일'의 뜻으로 쓰일 때는 한자를 쓰지 않고 히라가나로 써야 합니다.

🎧 MP3 16-15

듣고 말하기

**1** 다음을 잘 듣고, 밑줄 친 곳에 들어갈 말을 적어 보세요.

1 みぎがわに _____ ください。

2 _____ くださいますか。

3 よく _____ 。

쓰고 말하기

**2** 밑줄 친 부분에 들어갈 말을 적고, 소리 내어 말해 보세요.

1 朝ごはんを _____ ないです。 아침밥을 먹고 싶지 않아요.

2 ここに 名前を _____ くださいますか。 여기에 이름을 써 주시겠어요?

3 大きい 声で _____ もらえますか。 큰 소리로 읽어 주실래요?

시험 대비 문법

**3** ★에 들어갈 알맞은 말을 고르세요.

1 ____★____ _____ _____ _____ます。

① から ② はじめ ③ これ ④ テストを

2 _____ ____★____ _____ _____ くださいますか。

① 書く ② ところを ③ 名前を ④ 教えて

3 もう _____ ____★____から _____ _____ ください。

① 読みます ② 聞いて ③ よく ④ 一度

➡ 정답 214쪽

# Day 17

# 中国へ 行った ことが あります。
ちゅう ごく    い

중국에 간 적이 있습니다.

## · 이렇게 공부하세요 ·

동영상 강의 ☐☐☐ ▶ MP3 듣기 ☐☐☐ ▶ 본책 학습 ☐☐☐ ▶ 복습용 동영상 ☐☐☐

단어장 ☐☐☐ ▶ 단어암기 동영상 ☐☐☐ ▶ 쓰기 노트 ☐☐☐

MP3와 강의를
들어보세요!

## 핵심 문장 익히기

**1**

# この 漢字が 読めますか。
かん じ　　　　　よ

| 이 | 한자 | 를 | 읽을 수 있습니까? |

---

### 동사의 가능형

'~할 수 있다'라는 뜻을 지닌 동사 형태입니다. 동사의 종류에 따라 활용 형태가 달라지니 잘 기억해 두세요. '~할 수 있습니다'라고 할 때는 동사의 가능형에서 る를 떼고 ます만 붙이면 됩니다. 또한, '…을 ~할 수 있다'라고 할 때는 동사의 가능형 앞에 조사 を가 아닌 が를 써야 합니다.

| 1그룹<br>동사 | 어미 う단→え단<br>+る | かく 쓰다<br>およぐ 헤엄치다<br>はなす 말하다<br>よむ 읽다<br>つくる 만들다<br>のる 타다 | ➡ かける 쓸 수 있다<br>➡ およげる 헤엄칠 수 있다<br>➡ はなせる 말할 수 있다<br>➡ よめる 읽을 수 있다<br>➡ つくれる 만들 수 있다<br>➡ のれる 탈 수 있다 | かけます<br>およげます<br>はなせます<br>よめます<br>つくれます<br>のれます |
|---|---|---|---|---|
| 2그룹<br>동사 | 어미 る를 떼고<br>+られる | みる 보다<br>たべる 먹다 | ➡ みられる 볼 수 있다<br>➡ たべられる 먹을 수 있다 | みられます<br>たべられます |
| 3그룹<br>동사 | | する 하다<br>くる 오다 | ➡ できる 할 수 있다<br>➡ こられる 올 수 있다 | できます<br>こられます |

**단어**

漢字(かんじ) 한자
読(よ)む 읽다

---

#### 공부한 내용을 확인해 보세요!

**❶** 読む 읽다 ─ 読める 읽을 수 있다 ─ _____ 읽을 수 있습니다
　　よ　　　　　　よ

**❷** する 하다 ─ _____ 할 수 있다 ─ できます 할 수 있습니다

**정답**

① 読めます　② できる
　 よ

162

**2**

# 読む ことが できます。
읽을  　수　(가)　  있습니다.

## 동사의 기본형 + ことが できます ~할수(가) 있습니다  가능 표현

가능 표현을 만드는 방법은 바로 앞에서 공부한 것처럼 동사를 가능형으로 만드는
것 외에, 동사의 기본형에 ~ことが できる(~할 수 있다)를 붙이는 방법도 있습니다.
'~할 수 있습니다'라고 할 때는 ~ことが できます라고 하고, '~할 수 없습니다'라
고 할 때는 ~ことが できません이라고 합니다.

예 日本語を 話す ことが できます。 일본어를 말할 수가 있습니다.
= 日本語が 話せます。

料理を 作る ことが できません。 요리를 만들 수가 없습니다.
= 料理が 作れません。

## 명사 + が できます ~을할수 있습니다

~が できます 앞에는 언어, 운동, 악기, 기능 등을 나타내는 명사가 옵니다. '~을 할
수 없습니다'라고 할 때는 ~が できません이라고 합니다.

예 水泳が できます。 수영을 할 수 있습니다.
運転が できません。 운전을 할 수 없습니다.

**단어**

**日本語**(にほんご) 일본어
**話**(はな)**す** 이야기하다
**料理**(りょうり) 요리
**作**(つく)**る** 만들다
**水泳**(すいえい) 수영
**運転**(うんてん) 운전

---

### 공부한 내용을 확인해 보세요!

❶ 水泳が _____。 수영을 할 수 있어요.

❷ 料理を _____ ことが できません。 요리를 만들 수가 없습니다.

**정답**

① できます  ② 作る

🎧 MP3 17-03

**3**

ちゅうごく　い
# 中国に　行った。

중국　에　갔　다.

## ～た ～했다　동사의 た형

～た는 '～했다'라는 뜻으로, 과거의 동작이나 완료된 행동을 나타냅니다. 동사의 て 형과 만드는 법이 같으며, て 대신에 た만 바꿔 넣으면 됩니다.

➔ 동사의 て형 만드는 법
　132쪽 참고

| | | | | |
|---|---|---|---|---|
| 1그룹<br>동사 | -く → いた<br>-ぐ → いだ | か<u>く</u> 쓰다<br>およ<u>ぐ</u> 헤엄치다 | ➡<br>➡ | かいた 썼다<br>およいだ 헤엄쳤다 |
| | -う → った<br>-つ<br>-る | あ<u>う</u> 만나다<br>ま<u>つ</u> 기다리다<br>わか<u>る</u> 알다 | ➡<br>➡<br>➡ | あった 만났다<br>まった 기다렸다<br>わかった 알았다 |
| | -ぬ → んだ<br>-ぶ<br>-む | し<u>ぬ</u> 죽다<br>あそ<u>ぶ</u> 놀다<br>よ<u>む</u> 읽다 | ➡<br>➡<br>➡ | しんだ 죽었다<br>あそんだ 놀았다<br>よんだ 읽었다 |
| | -す → した | はな<u>す</u> 말하다 | ➡ | はなした 말했다 |
| 2그룹<br>동사 | -る → た | み<u>る</u> 보다<br>たべ<u>る</u> 먹다 | ➡<br>➡ | みた 봤다<br>たべた 먹었다 |
| 3그룹<br>동사 | | する 하다<br>くる 오다 | ➡<br>➡ | した 했다<br>きた 왔다 |

い　　　い
예외 行く ➡ 行った 갔다

**단어**

**中国**(ちゅうごく) 중국
**行**(い)く 가다

### 공부한 내용을 확인해 보세요!

ちゅうごく
❶ 中国に _____。 중국에 갔다.

ほん
❷ 本を _____。 책을 읽었다.

정답
い　　　　よ
① 行った　② 読んだ

**4**

# 中国語を 勉強する ために
ちゅうごく ご　　　　　べんきょう

중국어　　를　　　　공부하기　　　위해서

# 中国に 行った ことが あります。
ちゅうごく　　　い

중국　　에　　　간　　　적　이　　　있습니다.

---

## 동사의 기본형+ために ～하기 위하여

～ために는 '～하기 위하여'라는 뜻입니다. 앞에는 동사의 기본형이 옵니다. ために 앞에 명사가 올 때는 「명사＋のために」의 형태가 됩니다.

예 就職する ために 英語の 勉強を して います。
しゅうしょく　　　　　えい ご　　べんきょう
＝就職の ために 英語の 勉強を して います。
しゅうしょく　　　　　えい ご　　べんきょう

취직하기 위하여 영어 공부를 하고 있습니다.

## 동사의 た형+ことが あります ～한 적이 있습니다  경험 표현

～ことが あります는 '～한 적이 있습니다'라는 뜻으로, 과거의 경험을 나타냅니다. 앞에는 동사의 た형이 옵니다. '～한 적이 없습니다'라고 할 때는 ～ことが ありませんの라고 하고, '～한 적이 있습니까?'라고 물어볼 때는 ～ことが ありますか라고 합니다.

예 アメリカに 行った ことが ありますか。 미국에 간 적이 있습니까?
い
寝坊を した ことが ありません。 늦잠을 잔 적이 없습니다.
ね ぼう

### 공부한 내용을 확인해 보세요!

❶ 中国に _____ ことが あります。 중국에 간 적이 있습니다.
ちゅうごく

❷ 中国語を 勉強する _____。 중국어를 공부하기 위해서.
ちゅうごく ご　　べんきょう

**단어**

**中国語**(ちゅうごくご) 중국어
**勉強**(べんきょう)**する** 공부하다
**就職**(しゅうしょく)**する** 취직하다
**英語**(えいご) 영어
**アメリカ** 미국
**寝坊**(ねぼう)**を する** 늦잠을 자다

**정답**
① 行った  ② ために

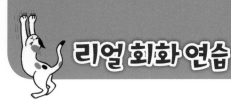

## 리얼 회화 연습

**1**

<sub>かん じ</sub> <sub>よ</sub>
**漢字を　読む　ことが　できます。**

한자를 읽을 수 있어요.

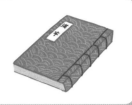

(1)　<sub>かん じ</sub> <sub>か</sub>
　　漢字を　書く

(2)　<sub>くるま</sub> <sub>うん てん</sub>
　　車を　運転する

(3)　<sub>ちゅうごく ご</sub> <sub>はな</sub>
　　中国語で　話す

(4)　イタリア　<sub>りょう り</sub> <sub>つく</sub>
　　　　　　料理を　作る

**단어**

**書(か)く** 쓰다
**車(くるま)** 차, 자동차
**運転(うんてん)する** 운전하다
**話(はな)す** 이야기하다
**イタリア** 이탈리아
**料理(りょうり)** 요리
**作(つく)る** 만들다

**2**

<sub>ちゅうごく ご</sub> <sub>べんきょう</sub>
**中国語を　勉強する　ために**

<sub>ちゅうごく</sub> <sub>い</sub>
**中国に　行った。** 중국어를 공부하기 위해서 중국에 갔다.

(1)　<sub>ちゅうごく ご</sub> <sub>なら</sub>
　　中国語を　習う

(2)　<sub>しゃ しん</sub> <sub>べんきょう</sub>
　　写真を　勉強する

(3)　<sub>ばん り</sub> <sub>ちょうじょう</sub> <sub>み</sub>
　　万里の　長城を　見る

(4)　<sub>ともだち</sub> <sub>あ</sub>
　　友達に　会う

**단어**

**習(なら)う** 배우다
**写真(しゃしん)** 사진
**勉強(べんきょう)する** 공부하다
**万里(ばんり)の長城(ちょうじょう)**
　만리장성
**友達(ともだち)** 친구
**〜に会(あ)う** 〜를 만나다

**3**

<ruby>中国<rt>ちゅうごく</rt></ruby>に <ruby>行<rt>い</rt></ruby>った ことが あります。

중국에 간 적이 있어요.

(1) <ruby>外国<rt>がいこく</rt></ruby>へ <ruby>行<rt>い</rt></ruby>く

(2) ぎょうざを <ruby>食<rt>た</rt></ruby>べる

(3) <ruby>新幹線<rt>しんかんせん</rt></ruby>に <ruby>乗<rt>の</rt></ruby>る

(4) <ruby>日本語<rt>にほんご</rt></ruby>を <ruby>習<rt>なら</rt></ruby>う

**단어**

**外国**(がいこく) 외국
**ぎょうざ** 일본식 만두
**新幹線**(しんかんせん) 신칸센
**~に 乗**(の)**る** ~을 타다

---

**4**

A すもうを <ruby>見<rt>み</rt></ruby>た ことが ありますか。

스모를 본 적이 있어요?

B はい、<ruby>一度<rt>いちど</rt></ruby> あります。 네, 한 번 있어요.

(1) <ruby>富士山<rt>ふじさん</rt></ruby>に <ruby>登<rt>のぼ</rt></ruby>る

(2) ケータイを なくす

(3) <ruby>納豆<rt>なっとう</rt></ruby>を <ruby>食<rt>た</rt></ruby>べる

(4) ハワイに <ruby>行<rt>い</rt></ruby>く

**단어**

**すもう** 스모
**一度**(いちど) 한 번
**富士山**(ふじさん) 후지산
**登**(のぼ)**る** 오르다, 등반하다
**ケータイ** 휴대폰
**なくす** 잃어버리다, 분실하다
**納豆**(なっとう) 낫토
**ハワイ** 하와이

パクさん、この 漢字が 読めますか。

はい、読めますよ。

わあ、すごいですね。

中国語を 勉強する ために

中国に 行った ことが ありますから。

そうですか。

じゃ、中国語も 上手でしょう❶。

あまり 上手じゃ ないです。

---

🍜 단어 뜻을 적어보세요~

| 漢字(かんじ) _____ | 読(よ)む _____ | わあ 와~ (놀람, 감탄) | すごい 굉장하다 |
| 中国語(ちゅうごくご) _____ | 勉強(べんきょう) _____ | ~ために _____ | 上手(じょうず)だ 잘하다 |
| あまり 그다지, 별로 | | | |

| 야마다 | 미애 씨, 이 한자를 읽을 수 있어요? |
|---|---|
| 미애 | 네, 읽을 수 있어요. |
| 야마다 | 와~, 굉장하네요. |
| 미애 | 중국어를 공부하기 위해 중국에 간 적이 있어서요. |
| 야마다 | 그래요? 그럼, 중국어도 잘하겠네요. |
| 미애 | 별로 잘하지 못해요. |

❶ 上手でしょう　잘하겠네요
〜でしょう는 '〜겠지요', '〜일 테지요'라는 뜻입니다.
🗨 きょうは 来るでしょう。오늘은 오겠지요.

**1** 다음을 잘 듣고, 밑줄 친 곳에 들어갈 말을 적어 보세요.

1 この　かんじが ＿＿＿＿＿＿か。

2 べんきょうする ＿＿＿＿に　きました。

3 あまり ＿＿＿＿＿＿ ないです。

쓰고 말하기

**2** 밑줄 친 부분에 들어갈 말을 적고, 소리 내어 말해 보세요.

1 A: 日本語を　話す　ことが　できますか。

　 B: はい、少し ＿＿＿＿＿＿。네, 조금 말할 수 있어요.

2 A: 中国に ＿＿＿＿＿ ＿＿＿＿＿が　ありますか。 중국에 간 적이 있어요?

　 B: はい、一度　あります。

3 A: どうして　中国語を　習って　いますか。

　 B: 就職する ＿＿＿＿＿に　習って　います。 취직하기 위해서 배우고 있어요.

시험 대비 문법

**3** ★에 들어갈 알맞은 말을 고르세요.

1 ピアノが ＿＿★＿＿。＿＿＿＿、＿＿＿＿ ＿＿＿＿。

　 ① いいえ　　　 ② できません　　 ③ 全然　　　 ④ できますか。

2 中国＿＿＿＿ ＿＿＿＿ ＿★＿ ＿＿＿か。

　 ① 行った　　　 ② に　　　　　 ③ あります　　 ④ ことが

3 日本語を ＿＿＿＿ ＿★＿ ＿＿＿＿ ＿＿＿＿。

　 ① 行きました　 ② ために　　　 ③ 勉強する　　 ④ 日本に

➡ 정답 | 215쪽

# Day 18

<ruby>車<rt>くるま</rt></ruby>を とめても
いいですか。

차를 주차해도 됩니까?

차를 세워도 되나요?

아니요, 안 됩니다

주차금지

MP3와 강의를
들어보세요!

## · 이렇게 공부하세요 ·

| 동영상 강의 | MP3 듣기 | 본책 학습 | 복습용 동영상 |
| --- | --- | --- | --- |
| ☐☐☐ | ☐☐☐ | ☐☐☐ | ☐☐☐ |

| 단어장 | 단어암기 동영상 | 쓰기 노트 |
| --- | --- | --- |
| ☐☐☐ | ☐☐☐ | ☐☐☐ |

# 핵심 문장 익히기

## 1

# ここに 車<ruby>くるま</ruby>を とめても いいですか。

| 여기 | 에 | 차 | 를 | 세워 | 도 | 됩니까? |

### 〜ても いいですか 〜해도 됩니까?, 〜해도 괜찮습니까?

〜ても いいですか는 '〜해도 됩니까?'라는 뜻으로, 허락이나 양해를 구할 때 쓰는 표현입니다. 동사의 て형에 연결합니다.

| 1그룹 동사 | あう 만나다 | ➡ | あって | あっても いいですか 만나도 됩니까? |
| | かく 쓰다 | ➡ | かいて | かいても いいですか 써도 됩니까? |
| | はなす 말하다 | ➡ | はなして | はなしても いいですか 말해도 됩니까? |
| | よむ 읽다 | ➡ | よんで | よんでも いいですか 읽어도 됩니까? |
| 2그룹 동사 | みる 보다 | ➡ | みて | みても いいですか 봐도 됩니까? |
| | たべる 먹다 | ➡ | たべて | たべても いいですか 먹어도 됩니까? |
| 3그룹 동사 | する 하다 | ➡ | して | しても いいですか 해도 됩니까? |
| | くる 오다 | ➡ | きて | きても いいですか 와도 됩니까? |

예 A ここで 話<ruby>はな</ruby>しても いいですか。 여기에서 이야기해도 됩니까?

　B いいですよ。 됩니다.

### 〜ても いいです

〜ても いいです는 '〜해도 됩니다'라는 뜻의 허가 표현입니다.

예 ここで 食<ruby>た</ruby>べても いいです。
　여기에서 먹어도 됩니다.
　窓<ruby>まど</ruby>を 開<ruby>あ</ruby>けても いいです。
　창문을 열어도 됩니다.

**단어**

**車**(くるま) 차
**とめる** 세우다
**話**(はな)**す** 말하다, 이야기하다
**窓**(まど) 창문
**開**(あ)**ける** 열다
**書**(か)**く** 쓰다

#### 공부한 내용을 확인해 보세요!

❶ ここに 書<ruby>か</ruby>いても _____ですか。 여기에 써도 됩니까?

❷ これを _____ いいですか。 이것을 먹어도 됩니까?

**정답**

① いい　② 食<ruby>た</ruby>べても

## 2

### 車を とめては いけません。
<small>くるま</small>

| 차 | 를 | 세워 | 서는 | 안 됩니다. |

---

## 〜ては いけません <small>〜해서는 안 됩니다</small>  금지 표현

〜ては いけません은 '〜해서는 안 됩니다'라는 뜻의 금지 표현입니다. 동사의 て형에 연결합니다. '〜해서는 안 된다'라고 할 때는 〜ては いけない라고 합니다.

| | | | |
|---|---|---|---|
| 1그룹<br>동사 | あそぶ ➡ あそんで<br>놀다 | あそんでは いけない<br>놀아서는 안 된다 | あそんでは いけません<br>놀아서는 안 됩니다 |
| | のる ➡ のって<br>타다 | のっては いけない<br>타서는 안 된다 | のっては いけません<br>타서는 안 됩니다 |
| 2그룹<br>동사 | たべる ➡ たべて<br>먹다 | たべては いけない<br>먹어서는 안 된다 | たべては いけません<br>먹어서는 안 됩니다 |
| 3그룹<br>동사 | する ➡ して<br>하다 | しては いけない<br>해서는 안 된다 | しては いけません<br>해서는 안 됩니다 |

例 A ここで 話しては いけませんか。 여기에서 이야기해서는 안 됩니까?
<small>はな</small>

　　B はい、話しては いけません。 네, 이야기해선 안 됩니다.

　　　いいえ、話しても いいです。 아니요, 이야기해도 됩니다.

### 〜ては だめです

'〜해서는 안 됩니다'라고 할 때 〜ては いけません 대신 〜ては だめです을 쓸 수 있습니다. だめです는 '안 됩니다'라는 뜻입니다.

例 うそを ついては だめです。
거짓말을 해서는 안 됩니다.
夜遅く 電話しては だめです。
<small>よるおそ</small>　<small>でんわ</small>
밤늦게 전화해서는 안 됩니다.

**단어**

うそを つく 거짓말을 하다
**夜遅**(よるおそ)**く** 밤늦게
**電話**(でんわ)**する** 전화하다
**中**(なか) 안
**〜では** 〜에서는 (조사)
**ゲーム** 게임

---

### 공부한 내용을 확인해 보세요!

❶ 中では、話しては ＿＿＿＿＿＿＿。 안에서는 말해서는 안 됩니다.
<small>なか</small>　<small>はな</small>

❷ ゲームを ＿＿＿＿＿ いけません。 게임을 해서는 안 됩니다.

정답

① いけません ② しては

---

MP3 18-03

**3**

# スマホを なくして しまいました。

스마트폰 을 잃 어 버렸습니다.

## ～て しまいました ～해 버렸습니다, ～하고 말았습니다

～て しまう는 '～해 버리다', '～하고 말다'라는 뜻으로, ～て しまいました의 형태로 많이 쓰입니다. 회화에서는 ～ちゃいました로 줄여서 말하기도 하죠. 마찬가지로 동사의 て형에 연결합니다.

なくす는 '잃어버리다', '분실하다'라는 뜻입니다. '깜빡하고 잊어버리다'는 忘れる 라고 합니다.

예 事故(じこ)が あって 約束(やくそく)に 遅(おく)れて しまいました。
사고가 나서 약속에 늦고 말았습니다.

約束(やくそく)を 忘(わす)れて しまいました。
약속을 잊어버렸습니다.

全部(ぜんぶ) 食(た)べちゃいました。
다 먹어 버렸습니다.

**단어**

**スマホ** 스마트폰
**なくす** 잃어버리다, 분실하다
**事故**(じこ) 사고
**ある** 있다
**約束**(やくそく) 약속
**遅**(おく)**れる** 늦다, 지각하다
**忘**(わす)**れる** 잊다, 깜빡하다
**全部**(ぜんぶ) 전부, 다

공부한 내용을 확인해 보세요!

❶ ケータイを なくして _____ 。 핸드폰을 잃어버렸습니다.

❷ 約束(やくそく)に _____ しまいました。 약속(시간)에 늦고 말았습니다.

**정답**

① しまいました ② 遅(おく)れて

174

**4**

<ruby>駐車場<rt>ちゅうしゃじょう</rt></ruby>が あるかも しれません。

| 주차장 | 이 | 있을 | 지도 | 모릅니다. |

## ～かも しれません ～할지도 모릅니다　추측

～かも しれません은 '～할지도 모릅니다'라는 뜻으로, 정확하진 않지만 앞으로 어떠할지도 모른다는 막연한 추측을 나타냅니다. '～할지도 모른다'라고 할 때는 ～かも しれない라고 합니다. 앞에는 동사의 기본형과 과거형, 형용사, 명사 모두 올 수 있습니다.

예 <ruby>彼<rt>かれ</rt></ruby>は <ruby>今年<rt>ことし</rt></ruby> <ruby>結婚<rt>けっこん</rt></ruby>するかも しれない。

그는 올해 결혼할지도 모른다.

その ぼうしは <ruby>高<rt>たか</rt></ruby>いかも しれない。

그 모자는 비쌀지도 모른다.

<ruby>仕事<rt>しごと</rt></ruby>が <ruby>大変<rt>たいへん</rt></ruby>かも しれません。

일이 힘들지도 모릅니다.

あしたは <ruby>雨<rt>あめ</rt></ruby>かも しれません。

내일은 비가 내릴지도 모릅니다.

**단어**

**駐車場**(ちゅうしゃじょう) 주차장

**今年**(ことし) 올해

**結婚**(けっこん)**する** 결혼하다

**ぼうし** 모자

**高**(たか)**い** 비싸다, 높다

**仕事**(しごと) 일, 업무

**大変**(たいへん)**だ** 힘들다

**あした** 내일

**雨**(あめ) 비

**공부한 내용을 확인해 보세요!**

① <ruby>駐車場<rt>ちゅうしゃじょう</rt></ruby>が ある_____ しれません。　주차장이 있을지도 모릅니다.

② あしたは <ruby>雨<rt>あめ</rt></ruby>かも _____。　내일은 비가 내릴지도 모른다.

**정답**

① かも　② しれない

## 리얼 회화 연습

**①**

# ここに 車を とめても いいですか。

여기에 차를 세워도 돼요?

(1) ここで 食べる

(2) ひらがなで 書く

(3) 窓を 開ける

(4) お風呂に 入る

**단어**

**ひらがな** 히라가나
**書(か)く** 쓰다
**窓(まど)** 창문
**開(あ)ける** 열다
**お風呂(ふろ)に 入(はい)る** 목욕하다

**②**

# 車を とめては いけません。

차를 세워서는 안 돼요.

(1) 約束を 忘れる

(2) ここで 写真を とる

(3) タバコを 吸う

(4) 大きい 声で 話す

**단어**

**約束(やくそく)** 약속
**忘(わす)れる** 잊다, 깜빡하다
**写真(しゃしん)を とる** 사진을 찍다
**タバコを 吸(す)う** 담배를 피우다
**大(おお)きい** 크다
**声(こえ)** 목소리
**話(はな)す** 이야기하다

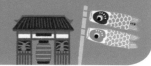

**3**

## スマホを　なくして　しまいました。

스마트폰을 잃어버렸어요.

(1)　全部　食べる
ぜん ぶ　た

(2)　休みが　終わる
やす　　　お

(3)　約束に　遅れる
やくそく　　おく

(4)　寝坊を　する
ね ぼう

**단어**

**全部**(ぜんぶ) 전부, 다

**休**(やす)**み** 휴가, 휴일

**終**(お)**わる** 끝나다

**遅**(おく)**れる** 늦다, 지각하다

**寝坊**(ねぼう)**をする** 늦잠을 자다

**4**

ちゅうしゃじょう
## 駐車場が　あるかも　しれません。

주차장이 있을지도 몰라요.

(1)　午後は　雪
ご ご　　　ゆき

(2)　台風が　来る
たいふう　　く

(3)　今年の　夏は　あつい
ことし　　なつ

(4)　来年、結婚する
らいねん　けっこん

**단어**

**午後**(ごご) 오후

**雪**(ゆき) 눈

**台風**(たいふう) 태풍

**今年**(ことし) 올해

**夏**(なつ) 여름

**あつい** 덥다

**来年**(らいねん) 내년

**結婚**(けっこん)**する** 결혼하다

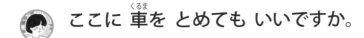

😊 ここに 車を とめても いいですか。

👮 いいえ、だめです❶。

ここは 駐車禁止なので❷、車を とめては いけません。

😊 あ、そうですか。

じゃ、駐車できる 場所を スマホ❸で…。

あら、スマホが ない。

👮 スマホを なくして しまいましたか。

😊 そうみたいです❹。

👮 となりの ビルには 駐車場が あるかも しれません。

😊 分かりました。ありがとうございます。

🍜 단어 뜻을 적어보세요~

| | | | |
|---|---|---|---|
| 車(くるま) _____ | とめる _____ | 駐車(ちゅうしゃ) 주차 | 禁止(きんし) 금지 |
| できる 할수있다 | 場所(ばしょ) 장소 | スマホ _____ | あら 어머 (놀람) |
| ない 없다 | なくす _____ | となり 옆, 이웃 | ビル 빌딩 |
| ～には ～에는 | 駐車場(ちゅうしゃじょう) _____ | ある _____ | 分(わ)かる 알다 |

| 미애 | 여기에 차를 세워도 되나요? |
|---|---|
| 관리인 | 아니요, 안 됩니다. |
| | 여기는 주차 금지이므로 차를 세워서는 안 돼요. |
| 미애 | 아, 그래요? |
| | 그럼, 주차할 수 있는 장소를 스마트폰으로…. |
| | 어, 스마트폰이 없네. |
| 관리인 | 스마트폰을 잃어버렸어요? |
| 미애 | 그런 것 같아요. |
| 관리인 | 옆 건물에는 주차장이 있을지도 몰라요. |
| 미애 | 알겠습니다. 고맙습니다. |

❶ だめです 안 됩니다
だめです는 가벼운 금지를 나타내는 표현입니다. 기본형은 な형용사인 だめだ이죠. 강한 금지의 경우 いけません을 씁니다.

❷ ～ので ～이므로, ～이기 때문에
～から와 마찬가지로 이유나 원인을 나타냅니다. 명사나 な형용사 뒤에서는 ～なので의 형태가 되니 주의하세요.

❸ スマホ 스마트폰
スマホ는 スマートフォン의 줄임말입니다. 일상적으로 많이 쓰는 スマホ 용어들도 같이 알아두세요.
メール 문자 메시지　写メ 사진 첨부 문자　自撮り 셀카

❹ ～みたいだ ～같다, ～인 듯하다
비유를 하거나 예를 들거나 추정, 추측할 때 쓰는 표현입니다.
まるで 子供みたいだ。 마치 어린애 같다.

**1** 다음을 잘 듣고, 밑줄 친 곳에 들어갈 말을 적어 보세요.

1 ＿＿＿＿＿＿ました。

2 そう ＿＿＿＿＿＿です。

3 いいえ、＿＿＿＿＿＿です。

📝 쓰고 말하기

**2** 밑줄 친 부분에 들어갈 말을 적고, 소리 내어 말해 보세요.

1 A: ひらがなで　書いても　いいですか。

　　B: いいえ、＿＿＿＿＿です。ひらがなで　書いては　＿＿＿＿＿＿＿。
　　　　아니요, 안 돼요. 히라가나로 써서는 안 됩니다.

2 A: ここに　車を　＿＿＿＿＿ては　いけません。 여기에 차를 세워서는 안 돼요.

　　B: あ、そうですか。すみません。

3 A: スマホを　＿＿＿＿＿て　＿＿＿＿＿ましたか。 스마트폰을 잊어버렸어요?

　　B: そうみたいです。

📖 시험 대비 문법

**3** ★에 들어갈 알맞은 말을 고르세요.

1 となりの　＿＿＿★＿＿ ＿＿＿＿＿ ＿＿＿＿＿ ＿＿＿＿＿。

　　① しれません　　② 駐車場が　　③ あるかも　　④ ビルには

2 ＿＿＿＿＿ ＿＿＿＿＿なので　＿＿＿＿＿ ＿＿★＿。

　　① 駐車禁止　　② いけません　　③ とめては　　④ ここは

3 ここ＿＿＿＿＿ ＿＿＿＿＿ ＿＿★＿＿ ＿＿＿＿か。

　　① 車を　　② いいです　　③ に　　④ とめても

➡ 정답 215쪽

# 会社に 行かなければ ならないです。

かい　しゃ　　　　　　い

회사에 가야 합니다.

회사에 가야 해요

· 이렇게 공부하세요 ·

동영상 강의　　MP3 듣기　　본책 학습　　복습용 동영상

□□□　　□□□　　□□□　　□□□

단어장　　단어암기 동영상　　쓰기 노트

□□□　　□□□　　□□□

MP3 19-01

# 1

## いっしょに 買<sub>か</sub>い物<sub>もの</sub>しない?

| 같이 | 쇼핑하 | 지 않을래? |

---

### ～ない  ～하지 않는다  동사의 ない형

～ない는 '～하지 않는다'라는 뜻의 부정 표현입니다. 동사의 종류에 따라 활용 형태가 다르니 잘 알아두세요.

| | | | |
|---|---|---|---|
| **1그룹 동사** | 어미를 **あ단**으로 +ない | あ<u>う</u> 만나다<br>い<u>く</u> 가다<br>はな<u>す</u> 말하다<br>ま<u>つ</u> 기다리다<br>よ<u>む</u> 읽다<br>の<u>る</u> 타다 | ➡ あ<u>わ</u>ない 만나지 않는다<br>➡ い<u>か</u>ない 가지 않는다<br>➡ はな<u>さ</u>ない 말하지 않는다<br>➡ ま<u>た</u>ない 기다리지 않는다<br>➡ よ<u>ま</u>ない 읽지 않는다<br>➡ の<u>ら</u>ない 타지 않는다 |
| **2그룹 동사** | 어미 **る**를 떼고 +ない | み<u>る</u> 보다<br>たべ<u>る</u> 먹다 | ➡ みない 보지 않는다<br>➡ たべない 먹지 않는다 |
| **3그룹 동사** | | する 하다<br>くる 오다 | ➡ しない 하지 않는다<br>➡ こない 오지 않는다 |

**예외** **ある**(있다)의 부정형은 **ない**(없다)

---

**しない?**

「しない?(안 할래?)」하고 끝 음을 올리면 부정 의문문이 되고, 「しない.(안 할래.)」하고 끝 음을 내리면 부정문이 됩니다.

예 A 行<sub>い</sub>く? 갈래?
　　B ううん、行<sub>い</sub>かない。
　　　 아니, 안 갈래.

---

**단어**

**いっしょに** 함께, 같이
**買<sub>か</sub>い物<sub>もの</sub>** 쇼핑, 장보기
**ううん** 아니 (부정의 대답)
**ゲーム** 게임
**きょう** 오늘
**会社<sub>かいしゃ</sub>** 회사

---

 **공부한 내용을 확인해 보세요!**

❶ いっしょに ゲーム _____？ 같이 게임 안 할래?

❷ きょうは 会社<sub>かいしゃ</sub>に _____。 오늘은 회사에 가지 않는다.

**정답**

① しない  ② 行<sub>い</sub>かない

**2**

# 会社に 行かなければ ならないです。

| 회사 | 에 | 가 | 지 않으면 | 안 됩니다. |

## 동사의 ない형 + **なければ ならない**

〜하지 않으면 안 된다, 〜해야 한다    의무 표현

〜なければ ならない는 '〜하지 않으면 안 된다', '〜해야 한다'라는 뜻으로, 의무를 나타내는 표현입니다. '〜하지 않으면 안 됩니다'는 〜なければ ならないです 또는 〜なければ なりません이라고 합니다.

| 1그룹<br>동사 | かく<br>쓰다 | ➡ | かかない<br>쓰지 않다 | かかなければ ならない 써야 한다<br>かかなければ なりません 써야 합니다 |
|---|---|---|---|---|
| 2그룹<br>동사 | たべる<br>먹다 | ➡ | たべない<br>먹지 않다 | たべなければ ならない 먹어야 한다<br>たべなければ なりません 먹어야 합니다 |
| 3그룹<br>동사 | する<br>하다 | ➡ | しない<br>하지 않다 | しなければ ならない 해야 한다<br>しなければ なりません 해야 합니다 |
| | くる<br>오다 | ➡ | こない<br>오지 않다 | こなければ ならない 와야 한다<br>こなければ なりません 와야 합니다 |

예 一生懸命 勉強しなければ ならない。 열심히 공부해야 한다.
野菜を 食べなければ ならないです。 야채를 먹어야 합니다.

**왕초보 탈출 tip**

일본에서는 자기 생각을 남에게 직접적으로 표현하는 것은 실례라고 생각하므로 '〜하지 않으면 안 된다'라는 간접적인 이중 부정의 형태를 쓰는 것입니다.

**단어**

**一生懸命**(いっしょうけんめい)
열심히

**勉強**(べんきょう)**する** 공부하다
**野菜**(やさい) 야채
**全部**(ぜんぶ) 전부, 다

### 공부한 내용을 확인해 보세요!

❶ 会社に _____ ならないです。 회사에 가지 않으면 안 됩니다.

❷ 全部 食べなければ _____。 다 먹어야 합니다.

**정답**

① 行かなければ

② ならないです 또는 なりません

🎧 MP3 19-03

**3**

## 来週の 約束は 忘れないで ください。
らいしゅう / やくそく / わす

| 다음 주 | (의) | 약속 | 은 | 잊 | 지 말아 | 주세요. |

### 동사의 ない형 + ないで ください ~하지 마세요

~て ください는 '~해 주세요'라고 배웠습니다. '~하지 말아 주세요', '~하지 마세요'는 ~ないで ください라고 합니다. 동사의 ない형에 연결하며, 뒤에 ~ますか나 ~ませんか를 붙이면 좀 더 정중한 표현이 됩니다.

| 1그룹<br>동사 | いく 가다 ➡ いかない<br>はなす 말하다 ➡ はなさない | いかないで ください 가지 마세요<br>はなさないで ください 말하지 마세요 |
|---|---|---|
| 2그룹<br>동사 | みる 보다 ➡ みない<br>たべる 먹다 ➡ たべない | みないで ください 보지 마세요<br>たべないで ください 먹지 마세요 |
| 3그룹<br>동사 | する 하다 ➡ しない<br>くる 오다 ➡ こない | しないで ください 하지 마세요<br>こないで ください 오지 마세요 |

例 一人で 行かないで ください。 혼자서 가지 마세요.
ひとり い

タバコを 吸わないで くださいますか。 담배를 피우지 말아 주시겠어요?
す

#### ~ないで

반말로 '~하지 마'라고 말할 때는 ~ないで ください에서 ください를 빼고 ~ないで라고 하면 됩니다.

例 来ないで。 오지 마.
こ
しないで。 하지 마.

➡ ~て ください 153쪽 참고

#### 단어

**来週**(らいしゅう) 다음 주
**約束**(やくそく) 약속
**忘**(わす)**れる** 잊다, 깜빡하다
**一人**(ひとり)**で** 혼자서
**タバコを 吸**(す)**う** 담배를 피우다

#### 공부한 내용을 확인해 보세요!

❶ 約束を 忘れ_____ ください。 약속을 잊지 말아 주세요.
やくそく わす

❷ ゲーム _____ ください。 게임하지 마세요.

정답

① ないで  ② しないで

**4**

# 今 始まった ばかりです。

<ruby>今<rt>いま</rt></ruby> <ruby>始<rt>はじ</rt></ruby>まった

지금 　 시작된 　 지 얼마 안 됐습니다.

## 동사의 た형+た ばかりです

~한 지 얼마 안 됐습니다, (막) ~한 참입니다

~た ばかりです는 '~한 지 얼마 안 되다', '(막) ~한 참입니다', '(방금) ~했습니다'라는 뜻으로, 어떤 동작을 한 지 얼마 안 되었거나 지금 막 어떤 동작이 끝난 상황을 나타냅니다. 앞에는 항상 동사의 과거형인 た형이 옵니다.

| 1그룹 동사 | あう 만나다 ➡ あった<br>よむ 읽다 ➡ よんだ | あった ばかりです 방금 만났습니다<br>よんだ ばかりです 방금 읽었습니다 |
|---|---|---|
| 2그룹 동사 | みる 보다 ➡ みた<br>たべる 먹다 ➡ たべた | みた ばかりです 방금 봤습니다<br>たべた ばかりです 방금 먹었습니다 |
| 3그룹 동사 | する 하다 ➡ した<br>くる 오다 ➡ きた | した ばかりです 방금 했습니다<br>きた ばかりです 방금 왔습니다 |

예 フランス<ruby>語<rt>ご</rt></ruby>は まだ <ruby>始<rt>はじ</rt></ruby>めた ばかりです。
프랑스어는 아직 시작한 지 얼마 안 됐습니다.

<ruby>今<rt>いま</rt></ruby> <ruby>起<rt>お</rt></ruby>きた ばかりです。 지금 방금 일어났습니다.

**~た ばかりで**

'~한 지 얼마 안 되서', '막 ~한 참이어서'라고 할 때는 뒤에 で(~이고, ~여서)를 연결하여 ~た ばかりで라고 합니다.

**단어**

**今**(いま) 지금
**始**(はじ)**まる** 시작되다
**フランス語**(ご) 프랑스어
**まだ** 아직
**始**(はじ)**める** 시작하다
**起**(お)**きる** 일어나다
**授業**(じゅぎょう) 수업

### 공부한 내용을 확인해 보세요!

❶ <ruby>授業<rt>じゅぎょう</rt></ruby>が <ruby>始<rt>はじ</rt></ruby>まった ＿＿＿＿＿ です。 수업이 막 시작됐습니다.

❷ <ruby>今<rt>いま</rt></ruby> ＿＿＿＿＿ ばかりです。 지금 막 먹었습니다.

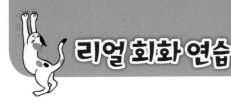

# 리얼 회화 연습

🎧 MP3 19-05 들어 보기　🎙 MP3 19-06 회화 훈련

**1**

## いっしょに 買<sup>か</sup>い物<sup>もの</sup> しない？

같이 쇼핑하지 않을래?

(1)　旅行<sup>りょこう</sup>に 行<sup>い</sup>く

(2)　映画<sup>えいが</sup>を 見<sup>み</sup>る

(3)　昼<sup>ひる</sup>ごはんを 食<sup>た</sup>べる

(4)　ゲームを する

**단어**

旅行(りょこう)に 行(い)く 여행 가다
映画(えいが) 영화
昼(ひる)ごはん 점심밥, 점심식사
ゲーム 게임

🎧 MP3 19-07 들어 보기　🎙 MP3 19-08 회화 훈련

**2**

## 会社<sup>かいしゃ</sup>に 行<sup>い</sup>かなければ ならないです。

회사에 가야 해요.

(1)　掃除<sup>そうじ</sup>を 手伝<sup>てつだ</sup>う

(2)　英語<sup>えいご</sup>を 勉強<sup>べんきょう</sup>する

(3)　飛行機<sup>ひこうき</sup>に 乗<sup>の</sup>る

(4)　1時間<sup>いちじかん</sup> 待<sup>ま</sup>つ

**단어**

掃除(そうじ) 청소
手伝(てつだ)う 도와주다
英語(えいご) 영어
勉強(べんきょう)する 공부하다
飛行機(ひこうき) 비행기
〜に 乗(の)る 〜을 타다
時間(じかん) 시간
待(ま)つ 기다리다

**3**

### 約束を 忘れないで ください。
やくそく　　わす

약속을 잊지 마세요.

(1) 遅刻を する
　　ちこく

(2) タバコを 吸う
　　　　　す

(3) 会社を やめる
　　かいしゃ

(4) 一人で 行く
　　ひとり　い

**단어**

遅刻(ちこく) 지각
タバコを 吸(す)う 담배를 피우다
やめる 그만두다
一人(ひとり)で 혼자서

**4**

### 今 始まった ばかりです。
いま　はじ

지금 시작된 지 얼마 안 됐어요.

(1) 起きる
　　お

(2) 終わる
　　お

(3) 帰る
　　かえ

(4) 食べる
　　た

**단어**

起(お)きる 일어나다
終(お)わる 끝나다
帰(かえ)る 돌아오다, 돌아가다

今度の 土曜日、いっしょに 買い物 しない？

 ごめんなさい。

会社に 行かなければ ならないです。

 週末なのに❶ 休みじゃ ないの❷？

 プロジェクトが 始まった ばかりで いろいろ 忙しくて。

週末も 休めないと 思います❸。

 大変だね。

でも、来週の 約束は 忘れないで くださいね。

---

🍜 단어 뜻을 적어보세요~

| | | | |
|---|---|---|---|
| **今度**(こんど) 이번 | **土曜日**(どようび) 토요일 | **いっしょに** _____ | **買**(か)**い物**(もの) _____ |
| **ごめんなさい** 미안해요, 죄송해요 | **週末**(しゅうまつ) 주말 | **プロジェクト** 프로젝트 | **始**(はじ)**まる** _____ |
| **いろいろ** 여러 가지 | **忙**(いそが)**しい** _____ | **休**(やす)**める** 쉴 수 있다 | **大変**(たいへん)**だ** 힘들다 |
| **でも** 하지만, 그래도 | **来週**(らいしゅう) _____ | **約束**(やくそく) _____ | **忘**(わす)**れる** _____ |

| 아유미 | 이번 토요일에 같이 쇼핑하지 않을래? |
|---|---|
| 지연 | 미안해요. 회사에 가야 해요. |
| 아유미 | 주말인데 휴일이지 않아? |
| 지연 | 프로젝트가 시작된 지 얼마 안 돼서 여러 가지로 바빠서요. 주말도 쉬지 못할 것 같아요. |
| 아유미 | 힘들겠구나. 하지만, 다음 주 약속은 잊지 마요. |

❶ ～のに ～인데, ～임에도 불구하고
앞의 내용에 이어서 뒤에 예상 밖의 결과가 나올 때 씁니다. な형용사와 명사 뒤에 올 때는 ～なのに의 형태가 됩니다.

❷ ～じゃないの？ ～이지 않아?, ～아니야?
명사 뒤에 じゃない가 붙으면 '～이 아니다'라는 뜻이 됩니다. 끝을 올려 ～じゃない？라고 하면 '～이지 않아?'라는 물음이 됩니다. 뒤에 の를 붙여서 ～じゃないの？라고 물어보는 표현도 회화에서 많이 쓰입니다.

❸ ～と 思います ～라고 생각합니다, ～할 것 같습니다
～と 思います는 직역하면 '～라고 생각합니다'인데, '～할 것 같습니다'라고 해석하는 게 자연스러운 경우가 많습니다.

### 듣고 말하기 🎧 MP3 19-15

**1** 다음을 잘 듣고, 밑줄 친 곳에 들어갈 말을 적어 보세요.

1 いま ＿＿＿＿＿＿＿＿ ばかりです。

2 そうじを ＿＿＿＿＿＿＿＿＿ ならないです。

3 やくそくを ＿＿＿＿＿＿＿＿＿ ください。

### 쓰고 말하기

**2** 밑줄 친 부분에 들어갈 말을 적고, 소리 내어 말해 보세요.

1 A: 休みなのに、会社に ＿＿＿＿＿なければ ＿＿＿＿＿ません。
   휴일인데도 회사에 가야 합니다.

   B: それは 大変ですね。

2 A: 今度の 週末、どこか 行かない？

   B: ごめんなさい。いろいろ ＿＿＿＿＿＿＿＿。 죄송해요. 여러 가지 바빠서.

3 A: 遅れて すみません。

   B: 私も 今 ＿＿＿＿＿た ＿＿＿＿＿です。 나도 지금 막 왔어요.

### 시험 대비 문법

**3** ★에 들어갈 알맞은 말을 고르세요.

1 ＿＿＿＿＿ ＿＿＿＿＿、＿＿＿＿＿ ＿★＿＿ ?

   ① 買い物      ② 今度の      ③ しない      ④ 日曜日

2 ＿＿＿＿＿ ＿＿＿＿＿ ＿★＿＿ ＿＿＿＿＿です。

   ① 行かなければ   ② 会社      ③ ならない      ④ に

3 でも、＿＿＿＿＿ ＿＿＿＿＿ ＿＿＿＿＿ ＿★＿＿ ください。

   ① 約束は      ② 忘れ      ③ ないで      ④ 来週の

➡ 정답 215쪽

# Day 20

# 최종 확인
# 복습문제

지금까지 공부한 내용을 문제를 풀면서 확인해 보세요.
틀린 문제나 헷갈리는 문제는 그 내용을 공부했던 페이지로 돌아가
한 번 더 복습해 주세요.

점수            점

## 복습문제 풀기

**1** 빈칸에 들어갈 알맞은 말을 고르세요. [5점]

> A 名前は どこに 書きますか。
>
> B ここに 書＿＿＿て ください。

① い        ② き        ③ け        ④ つ

**Hint**
～てください ～해 주세요

➔ Day 16 (153쪽)

**2** 빈칸에 들어갈 말을 순서대로 적은 것을 고르세요. [10점]

> きょうは 雨が ＿＿＿＿＿＿ いますから、
>
> なかで ＿＿＿＿＿＿ ください。

① ふって － あそって      ② ふって － あそんで

③ ふって － あそびて      ④ ふりて － あそびて

**Hint**
雨が 降る 비가 내리다
遊ぶ 놀다

➔ Day 14 (134쪽)
   Day 16 (153쪽)

**3** 빈칸에 공통으로 들어갈 말을 고르세요. [10점]

> • 日本に 行った ＿＿＿＿＿が あります。
> • 日本語を 話す ＿＿＿＿＿が できますか。

① ため       ② だけ       ③ しか       ④ こと

**Hint**
～ことが あります
～한 적이 있습니다

～ことが できます
～할 수 있습니다

➔ Day 17 (163, 165쪽)

**4** 그림에 대한 설명으로 맞지 않은 것을 고르세요. [10점]

① 本を 読む 前に ごはんを 食べます。

② ごはんを 食べてから 本を 読みます。

③ 本を 読んでから ごはんを 食べます。

④ 顔を 洗ってから ごはんを 食べます。

**Hint**
～前に ～하기 전에

～てから ～하고 나서, ～한 후에

➔ Day 14 (133쪽)

**5** 빈칸에 공통으로 들어갈 말은 무엇입니까? [10점]

- 授業は 9時_____です。
- さむい_____ うどんが いいですね。
- 午後、ソウル_____ 友達が 来ます。

① から　　　② しか　　　③ ので　　　④ まで

**Hint**
〜から 〜부터, 〜이니까
〜しか 〜밖에
〜ので 〜이므로
〜まで 〜까지

⊕ Day 07 (70쪽)
　 Day 09 (94쪽)

**6** B가 말한 내용으로 알맞은 것을 고르세요. [5점]

A 田中さんは 来ますか。
B そうですね。来ないかも しれません。

① 추측　　　② 허가　　　③ 금지　　　④ 제안

**Hint**
〜かも しれません
〜할지도 모릅니다

⊕ Day 18 (175쪽)

**7** 다음 표지판에 대한 올바른 설명을 고르세요. [5점]

① 車を とめて ください。
② 車を とめても いいです。
③ 車を とめては いけません。
④ 車を とめなければ なりません。

**Hint**
〜ても いいです 〜해도 됩니다
〜ては いけません
〜해선 안 됩니다
〜なければ なりません
〜해야 합니다, 〜하지 않으면 안 됩니다

⊕ Day 18 (173쪽)

**8** 밑줄 친 부분과 의미가 같은 것을 고르세요. [10점]

あした デパートへ 行って カメラを <u>買う つもりです</u>。

① 買いませんか
② 買いたく ありません
③ 買った ことが あります
④ 買おうと 思って います

**Hint**
〜つもりです
〜할 계획입니다, 〜할 생각입니다

⊕ Day 15 (142~143쪽)

**9** 빈칸에 들어갈 가장 알맞은 말을 고르세요. [10점]

> A 今度の 冬休みに 韓国へ _____と 思って います。
>
> B ほんとうですか。いいですね。

① 行かない　　② 行こう　　③ 行くと　　④ 来よう

Hint
~(よ)うと 思って います
~하려고 생각하고 있습니다

➔ Day 15 (142쪽)

**10** 빈칸에 공통으로 들어갈 글자를 고르세요. [10점]

> きょうの 日本語教室
>
> 「動詞+ない」を べんきょうして みましょう。
> ・会う+ない → 会___ない
> ・思う+ない → 思___ない

① あ　　　② い　　　③ お　　　④ わ

Hint
動詞는 '동사'라는 뜻.

➔ Day 19 (182쪽)

**11** 다음 안내문이 뜻하는 것은 무엇입니까? [5점]

> しゃしんを とっては いけません

① 촬영 금지　　② 안전 운전　　③ 자원 절약　　④ 정숙 보행

Hint
~ては いけません
~해선 안 됩니다

➔ Day 18 (173쪽)

**12** 밑줄 친 부분이 올바르지 않은 것을 고르세요. [10점]

① 約束を 忘れては いけません。
② 早く 家へ 帰なければ ならないです。
③ ここに 車を とめても いいですか。
④ 大きい 声で 読んで もらえますか。

Hint
忘れる 잊다, 깜빡하다
帰る 돌아가다
とめる 세우다
読む 읽다

➔ Day 19 (183쪽)

➡ 정답 215쪽

# 기초 문법
# 요점
# 노트

**지시대명사 / 인칭대명사**
**위치 표현 / 의문사**
**숫자 / 시간 / 날짜 / 조수사**
**조사 / 명사 / 형용사 / 동사**

포인트를 콕콕~

**지시대명사 총정리**

|  | 사물을 가리킬 때(것) | 장소를 가리킬 때(곳) | 방향, 사람을 가리킬 때(쪽, 분) | 명사를 수식할 때 |
|---|---|---|---|---|
| **こ** 이~ | これ 이것 | ここ 여기 | こちら 이쪽, 이분 | この 이<br>こんな 이런 |
| **そ** 그~ | それ 그것 | そこ 거기 | そちら 그쪽, 그분 | その 그<br>そんな 그런 |
| **あ** 저~ | あれ 저것 | あそこ 저기 | あちら 저쪽, 저분 | あの 저<br>あんな 저런 |
| **ど** 어느~ | どれ 어느 것 | どこ 어디 | どちら 어느 쪽, 어느 분 | どの 어느<br>どんな 어떤 |

 **인칭대명사 총정리**

| 1인칭 | わたくし (私) 저 (공손하고 격식 차린 표현)<br>わたし (私) 나, 저<br>ぼく (僕) 나, 저 (남자가 씀)<br>おれ (俺) 나 (남자가 친구나 손아랫사람에게 씀) |
|---|---|
| 2인칭 | あなた 너, 당신 |
| 3인칭 | かれ (彼) 그, 그 남자<br>かのじょ (彼女) 그녀 |
| 부정칭 | どなた / どちら / どのかた 어느 분 (공손하고 격식 차린 표현)<br>だれ (誰) 누구 |

~씨 ～さん          ~님 ～さま          ~군 (남자에게) ～くん          ~양 (여자에게) ～ちゃん

| 위 | うえ (上) | 아래 | した (下) |
|---|---|---|---|
| 안, 속 | なか (中) | 겉, 밖 | そと (外) |
| 앞 | まえ (前) | 뒤 | うしろ (後ろ) |
| 오른쪽 | みぎ (右) | 왼쪽 | ひだり (左) |
| 가운데 | まんなか (真ん中) | 옆, 가로 | よこ (横) |
| 옆, 곁 | そば (側) | 옆, 이웃 | となり (隣) |

 의문사 총정리

| 누구 | 누구 **だれ** <br> 아무도 **だれも** | 누가 **だれが** <br> 누군가 **だれか** | 누구에게 **だれに** <br> 누군가에게 **だれかに** | |
|---|---|---|---|---|
| 언제 | 언제 **いつ** <br> 언제라도 **いつでも** | 언제가 **いつが** <br> 언젠가 **いつか** | 언제나 **いつも** | |
| 어디 | 어디 **どこ** <br> 어디에서 **どこで** <br> 어딘가 **どこか** | 어디가 **どこが** <br> 어디나 **どこも** <br> 어딘가에 **どこかに** / **どこかへ** | 어디에 **どこに** <br> 어디에서나 **どこでも** | |
| 무엇 | 무엇 **なに** <br> 아무것도 **なにも** | 무엇이 **なにが** <br> 무엇이든 **なんでも** | 무엇을 **なにを** <br> 무언가 **なにか** / **なんか** | 무엇으로 **なにに** |
| 어떻게 | 어떻게 **どう** / **どうやって** | | | |
| 왜 | 왜 **どうして** / **なんで** / **なぜ** | | | |
| 얼마나 | 얼마나 **いくら** | | | |

**숫자 총정리**

| 0~10 | 1 | 2 | 3 | 4 | 5 |
|---|---|---|---|---|---|
| | いち | に | さん | し / よ / よん | ご |
| | 6 | 7 | 8 | 9 | 10 |
| | ろく | しち / なな | はち | きゅう / く | じゅう |

| 11~19 | 11 | 12 | 13 | 14 | 15 |
|---|---|---|---|---|---|
| | じゅういち | じゅうに | じゅうさん | じゅうよん / じゅうし | じゅうご |
| | 16 | 17 | 18 | 19 | |
| | じゅうろく | じゅうしち | じゅうはち | じゅうきゅう / じゅうく | |

| 10단위 | 10 | 20 | 30 | 40 | 50 |
|---|---|---|---|---|---|
| | じゅう | にじゅう | さんじゅう | よんじゅう | ごじゅう |
| | 60 | 70 | 80 | 90 | |
| | ろくじゅう | ななじゅう / しちじゅう | はちじゅう | きゅうじゅう | |

| 100단위 | 100 | 200 | 300 | 400 | 500 |
|---|---|---|---|---|---|
| | ひゃく | にひゃく | さんびゃく | よんひゃく | ごひゃく |
| | 600 | 700 | 800 | 900 | |
| | ろっぴゃく | ななひゃく | はっぴゃく | きゅうひゃく | |

| 1000단위 | 1,000 | 2,000 | 3,000 | 4,000 | 5,000 |
|---|---|---|---|---|---|
| | せん | にせん | さんぜん | よんせん | ごせん |
| | 6,000 | 7,000 | 8,000 | 9,000 | 10,000 |
| | ろくせん | ななせん | はっせん | きゅうせん | いちまん |

몇십 何十（なんじゅう）　　몇백 何百（なんびゃく）　　몇천 何千（なんぜん）

## 개수 세기

| 하나 | 둘 | 셋 | 넷 | 다섯 |
|------|-----|------|------|--------|
| ひとつ | ふたつ | みっつ | よっつ | いつつ |
| 여섯 | 일곱 | 여덟 | 아홉 | 열 |
| むっつ | ななつ | やっつ | ここのつ | とお |

## 사람 수 세기

| 한 명 | 두 명 | 세 명 | 네 명 | 다섯 명 |
|--------|--------|--------|--------|----------|
| ひとり | ふたり | さんにん | よにん | ごにん |
| 여섯 명 | 일곱 명 | 여덟 명 | 아홉 명 | 열 명 |
| ろくにん | ななにん /<br>しちにん | はちにん | きゅうにん /<br>くにん | じゅうにん |

몇개 いくつ/何個 <sup>なんこ</sup>　　몇명 何人 <sup>なんにん</sup>

### 시간 총정리

| 1분 いっぷん | 4분 よんぷん | 7분 ななふん | 10분 じゅっぷん | 40분 よんじゅっぷん |
| 2분 にふん | 5분 ごふん | 8분 はっぷん | 20분 にじゅっぷん | 50분 ごじゅっぷん |
| 3분 さんぷん | 6분 ろっぷん | 9분 きゅうふん | 30분 さんじゅっぷん | |

몇시 何時 <sup>なんじ</sup>　　몇분 何分 <sup>なんぷん</sup>　　*반 半 <sup>はん</sup>

## 📅 날짜 총정리

| 1月 | 2月 | 3月 | 4月 | 5月 | 6月 |
|---|---|---|---|---|---|
| いちがつ | にがつ | さんがつ | しがつ | ごがつ | ろくがつ |

| 7月 | 8月 | 9月 | 10月 | 11月 | 12月 |
|---|---|---|---|---|---|
| しちがつ | はちがつ | くがつ | じゅうがつ | じゅういちがつ | じゅうにがつ |

| 월 月曜日 げつようび | 화 火曜日 かようび | 수 水曜日 すいようび | 목 木曜日 もくようび | 금 金曜日 きんようび | 토 土曜日 どようび | 일 日曜日 にちようび |
|---|---|---|---|---|---|---|
| 1日 ついたち | 2日 ふつか | 3日 みっか | 4日 よっか | 5日 いつか | 6日 むいか | 7日 なのか |
| 8日 ようか | 9日 ここのか | 10日 とおか | 11日 じゅういちにち | 12日 じゅうににち | 13日 じゅうさんにち | 14日 じゅうよっか |
| 15日 じゅうごにち | 16日 じゅうろくにち | 17日 じゅうしちにち | 18日 じゅうはちにち | 19日 じゅうくにち | 20日 はつか | ...... |
| 24日 にじゅうよっか | ...... | 30日 さんじゅうにち | 몇월 何月 なんがつ | 며칠 何日 なんにち | | |

| | | |
|---|---|---|
| 그저께 おととい 一昨日 | 지지난해 おととし 一昨年 | 지난달 せんげつ 先月 |
| 어제 きのう 昨日 | 작년 きょねん 去年 | 이번달 こんげつ 今月 |
| 오늘 きょう 今日 | 금년 ことし 今年 | 다음달 らいげつ 来月 |
| 내일 あした 明日 | 내년 らいねん 来年 | |
| 모레 あさって 明後日 | 내후년 さらいねん 再来年 | 지난주 せんしゅう 先週 |
| | | 이번주 こんしゅう 今週 |
| | | 다음주 らいしゅう 来週 |

| 枚 (まい) ~장 (종이) | 冊 (さつ) ~권 (책, 노트) | 階 (かい) ~층 (계단) | 本 (ほん) ~자루 (펜, 병) | 杯 (はい) ~잔 (컵) |
|---|---|---|---|---|
| 1 いちまい | いっさつ | いっかい | いっぽん | いっぱい |
| 2 にまい | にさつ | にかい | にほん | にはい |
| 3 さんまい | さんさつ | さんがい | さんぼん | さんばい |
| 4 よんまい | よんさつ | よんかい | よんほん | よんはい |
| 5 ごまい | ごさつ | ごかい | ごほん | ごはい |
| 6 ろくまい | ろくさつ | ろっかい | ろっぽん | ろっぱい |
| 7 ななまい | ななさつ | ななかい | ななほん | ななはい |
| 8 はちまい | はっさつ | はっかい | はっぽん | はっぱい |
| 9 きゅうまい | きゅうさつ | きゅうかい | きゅうほん | きゅうはい |
| 10 じゅうまい | じゅっさつ | じゅっかい | じゅっぽん | じゅっぱい |
| 몇~ なんまい | なんさつ | なんがい | なんぼん | なんばい |

| ~が | ~이/가 | 事故<sub>じこ</sub>が ありました。 사고가 있었습니다. |
|---|---|---|
| ~は | ~은/는 | 私<sub>わたし</sub>は 学生<sub>がくせい</sub>です。 나는 학생입니다. |
| ~を | ~을/를 | ご飯<sub>はん</sub>を 食<sub>た</sub>べます。 밥을 먹습니다. |
| ~の | ~의 | 私<sub>わたし</sub>の 本<sub>ほん</sub>です。 제 책입니다. |
| | ~의 것 | 私<sub>わたし</sub>のです。 제 것입니다. |
| ~か | ~인가, ~까? | 何<sub>なに</sub>か ありましたか。 뭔가 있었나요? |
| ~と | ~와/과 | 友達<sub>ともだち</sub>と 遊<sub>あそ</sub>びます。 친구와 놉니다. |
| ~も | ~도 | 私<sub>わたし</sub>も 行<sub>い</sub>きます。 저도 갑니다. |
| ~に | ~에 (시간) | 朝<sub>あさ</sub> 7時<sub>しちじ</sub>に 起<sub>お</sub>きました。 아침 7시에 일어났습니다. |
| | ~에 (장소) | 家<sub>うち</sub>に 猫<sub>ねこ</sub>が います。 집에 고양이가 있습니다. |
| ~で | ~에서 (장소) | 郵便局<sub>ゆうびんきょく</sub>で 働<sub>はたら</sub>いて います。 우체국에서 일하고 있습니다. |
| | ~로 (수단, 방법) | インターネットで ニュースを 見<sub>み</sub>ます。 인터넷으로 뉴스를 봅니다. |
| ~へ | ~에, ~으로 (방향) | ソウルへ 行<sub>い</sub>きます。 서울에 갑니다. |
| ~から | ~부터 (출발) | 明日<sub>あした</sub>から セールです。 내일부터 세일입니다. |
| | ~이니까 (이유) | 今日<sub>きょう</sub>は さむいから うどんも いいですね。<br>오늘은 추우니까 우동도 좋겠네요. |
| ~まで | ~까지 (종점) | 授業<sub>じゅぎょう</sub>は 9時<sub>くじ</sub>から 5時<sub>ごじ</sub>までです。 수업은 9시부터 5시까지입니다. |

## 시험에 잘 나오는 조사의 특수한 쓰임

### 1 ~が

| | |
|---|---|
| **~が 好きです**<br>~을 좋아합니다 | あなたが 好きです。 당신을 좋아합니다. |
| **~が きらいです**<br>~을 싫어합니다 | 掃除が きらいです。 청소를 싫어합니다. |
| **~が 上手です**<br>~을 잘합니다 | 彼は 水泳が 上手です。 그는 수영을 잘합니다. |
| **~が 下手です**<br>~을 잘 못합니다 | 日本語が 下手です。 일본어가 서툽니다. |
| **~が できます**<br>~을 할 수 있습니다 | 英語が できます。 영어를 할 수 있습니다. |

### 2 ~に

| | |
|---|---|
| **~に 会います**<br>~를 만납니다 | 友達に 会いました。 친구를 만났습니다. |
| **~に 乗ります**<br>~을 탑니다 | 電車に 乗りました。 전철을 탔습니다. |

### 3 ~と

| | |
|---|---|
| **~と 思います**<br>~라고 생각합니다 | 週末も 休めないと 思います。 주말도 쉬지 못할 것 같습니다. |
| **~と いっしょに**<br>~와 함께 | 友達と いっしょに 行きます。 친구와 함께 갑니다. |

## 명사문 활용

| 구분 | | 활용 표현 | 예 |
|---|---|---|---|
| 존댓말 | 현재 긍정 | ～です<br>～입니다 | 大学生<sup>だいがくせい</sup>です。<br>대학생입니다. |
| | 현재 부정 | ～ではありません<br>～이/가 아닙니다 | 大学生<sup>だいがくせい</sup>ではありません。<br>대학생이 아닙니다. |
| | 과거 긍정 | ～でした<br>～였습니다 | 大学生<sup>だいがくせい</sup>でした。<br>대학생이었습니다. |
| | 과거 부정 | ～ではありませんでした<br>=～ではなかったです<br>=～じゃなかったです<br>～이/가 아니었습니다 | 大学生<sup>だいがくせい</sup>ではありませんでした。<br>= 大学生<sup>だいがくせい</sup>ではなかったです。<br>= 大学生<sup>だいがくせい</sup>じゃなかったです。<br>대학생이 아니었습니다. |
| 반말 | 현재 긍정 | ～だ<br>～이다 | 大学生<sup>だいがくせい</sup>だ。<br>대학생이다. |
| | 현재 부정 | ～ではない<br>～이/가 아니다 | 大学生<sup>だいがくせい</sup>ではない。<br>대학생이 아니다. |
| | 과거 긍정 | ～だった<br>～였다 | 大学生<sup>だいがくせい</sup>だった。<br>대학생이었다. |
| | 과거 부정 | ～ではなかった<br>=～じゃなかった<br>～이/가 아니었다 | 大学生<sup>だいがくせい</sup>ではなかった。<br>= 大学生<sup>だいがくせい</sup>じゃなかった。<br>대학생이 아니었다. |
| 명사 연결 | | ～の<br>～의, ～인 | 大学生<sup>だいがくせい</sup>の木村<sup>きむら</sup>さんの本<sup>ほん</sup>です。<br>대학생인 기무라 씨의 책입니다. |
| 문장 연결 | | ～で<br>～이고 | 木村<sup>きむら</sup>さんは大学生<sup>だいがくせい</sup>で<br>田中<sup>たなか</sup>さんは会社員<sup>かいしゃいん</sup>です。<br>기무라 씨는 대학생이고 다나카 씨는 회사원입니다. |

## 형용사 총정리

### い형용사 활용

| 구분 | | 활용 표현 | 예 |
|---|---|---|---|
| 존댓말 | 현재 긍정 | ～です<br>～합니다 | おいしいです。<br>맛있습니다. |
| | 현재 부정 | ～くないです<br>= ～くありません<br>～하지 않습니다 | おいしくないです。<br>= おいしくありません。<br>맛있지 않습니다. |
| | 과거 긍정 | ～かったです<br>～했습니다 | おいしかったです。<br>맛있었습니다. |
| | 과거 부정 | ～くなかったです<br>= ～くありませんでした<br>～하지 않았습니다 | おいしくなかったです。<br>= おいしくありませんでした。<br>맛있지 않았습니다. |
| 반말 | 현재 긍정 | ～い<br>～하다 | おいしい。<br>맛있다. |
| | 현재 부정 | ～くない<br>～하지 않다 | おいしくない。<br>맛있지 않다. |
| | 과거 긍정 | ～かった<br>～했다 | おいしかった。<br>맛있었다. |
| | 과거 부정 | ～くなかった<br>～하지 않았다 | おいしくなかった。<br>맛있지 않았다. |
| 명사 수식 | | ～い<br>～한 | おいしいラーメンです。<br>맛있는 라면입니다. |
| 문장 연결 | | ～くて<br>～하고, ～해서 | このラーメンはおいしくて<br>あたたかいです。<br>이 라면은 맛있고 따뜻합니다. |

いい, よい 좋다 → よくない 좋지 않다    よかった 좋았다    よくなかった 좋지 않았다
よくて 좋고, 좋아서

## な형용사 활용

| 구분 | | 활용 표현 | 예 |
|---|---|---|---|
| 존댓말 | 현재 긍정 | ～です<br>～합니다 | きれいです。<br>깨끗합니다. |
| | 현재 부정 | ～じゃないです<br>= ～じゃありません<br>～하지 않습니다 | きれいじゃないです。<br>= きれいじゃありません。<br>깨끗하지 않습니다. |
| | 과거 긍정 | ～でした<br>～했습니다 | きれいでした。<br>깨끗했습니다. |
| | 과거 부정 | ～じゃなかったです<br>= ～じゃありませんでした<br>～하지 않았습니다 | きれいじゃなかったです。<br>= きれいじゃありませんでした。<br>깨끗하지 않았습니다. |
| 반말 | 현재 긍정 | ～だ<br>～하다 | きれいだ。<br>깨끗하다. |
| | 현재 부정 | ～じゃない<br>～하지 않다 | きれいじゃない。<br>깨끗하지 않다. |
| | 과거 긍정 | ～だった<br>～했다 | きれいだった。<br>깨끗했다. |
| | 과거 부정 | ～じゃなかった<br>= ～ではなかった<br>～하지 않았다 | きれいじゃなかった。<br>= きれいではなかった。<br>깨끗하지 않았다. |
| 명사 수식 | | ～な<br>～한 | きれいな部屋です。<br>깨끗한 방입니다. |
| 문장 연결 | | ～で<br>～하고, ～해서 | この部屋はきれいで静かです。<br>이 방은 깨끗하고 조용합니다. |

同じだ 똑같다 → 同じなもの(X)　同じもの(O) 똑같은 것

## 동사 총정리

### 동사의 ます형 활용

| 동사<br>구분 | 기본형<br>~하다 | 긍정 | | 부정 | |
|---|---|---|---|---|---|
| | | 현재 | 과거 | 현재 | 과거 |
| 1그룹<br>동사 | 会う<br>만나다 | 会います<br>만납니다 | 会いました<br>만났습니다 | 会いません<br>만나지 않습니다 | 会いませんでした<br>만나지 않았습니다 |
| | 書く<br>쓰다 | 書きます<br>씁니다 | 書きました<br>썼습니다 | 書きません<br>쓰지 않습니다 | 書きませんでした<br>쓰지 않았습니다 |
| | 泳ぐ<br>헤엄치다 | 泳ぎます<br>헤엄칩니다 | 泳ぎました<br>헤엄쳤습니다 | 泳ぎません<br>헤엄치지 않습니다 | 泳ぎませんでした<br>헤엄치지 않았습니다 |
| | 話す<br>말하다 | 話します<br>말합니다 | 話しました<br>말했습니다 | 話しません<br>말하지 않습니다 | 話しませんでした<br>말하지 않았습니다 |
| | 待つ<br>기다리다 | 待ちます<br>기다립니다 | 待ちました<br>기다렸습니다 | 待ちません<br>기다리지 않습니다 | 待ちませんでした<br>기다리지 않았습니다 |
| | 死ぬ<br>죽다 | 死にます<br>죽습니다 | 死にました<br>죽었습니다 | 死にません<br>죽지 않습니다 | 死にませんでした<br>죽지 않았습니다 |
| | 遊ぶ<br>놀다 | 遊びます<br>놉니다 | 遊びました<br>놀았습니다 | 遊びません<br>놀지 않습니다 | 遊びませんでした<br>놀지 않았습니다 |
| | 読む<br>읽다 | 読みます<br>읽습니다 | 読みました<br>읽었습니다 | 読みません<br>읽지 않습니다 | 読みませんでした<br>읽지 않았습니다 |
| | 乗る<br>타다 | 乗ります<br>탑니다 | 乗りました<br>탔습니다 | 乗りません<br>타지 않습니다 | 乗りませんでした<br>타지 않았습니다 |
| 2그룹<br>동사 | 食べる<br>먹다 | 食べます<br>먹습니다 | 食べました<br>먹었습니다 | 食べません<br>먹지 않습니다 | 食べませんでした<br>먹지 않았습니다 |
| | 見る<br>보다 | 見ます<br>봅니다 | 見ました<br>봤습니다 | 見ません<br>보지 않습니다 | 見ませんでした<br>보지 않았습니다 |
| 3그룹<br>동사 | 来る<br>오다 | 来ます<br>옵니다 | 来ました<br>왔습니다 | 来ません<br>오지 않습니다 | 来ませんでした<br>오지 않았습니다 |
| | する<br>하다 | します<br>합니다 | しました<br>했습니다 | しません<br>하지 않습니다 | しませんでした<br>하지 않았습니다 |

## 동사의 ます형을 활용한 권유 표현

| 동사<br>구분 | 기본형<br>~하다 | ます형<br>~합니다 | ~ましょう<br>~합시다 | ~ましょうか<br>~할까요? | ~ませんか<br>~하지 않겠습니까? |
|---|---|---|---|---|---|
| 1그룹<br>동사 | あ<br>会う<br>만나다 | あ<br>会います<br>만납니다 | あ<br>会いましょう<br>만납시다 | あ<br>会いましょうか<br>만날까요? | あ<br>会いませんか<br>만나지 않겠습니까? |
| | か<br>書く<br>쓰다 | か<br>書きます<br>씁니다 | か<br>書きましょう<br>씁시다 | か<br>書きましょうか<br>쓸까요? | か<br>書きませんか<br>쓰지 않겠습니까? |
| | およ<br>泳ぐ<br>헤엄치다 | およ<br>泳ぎます<br>헤엄칩니다 | およ<br>泳ぎましょう<br>헤엄칩시다 | およ<br>泳ぎましょうか<br>헤엄칠까요? | およ<br>泳ぎませんか<br>헤엄치지 않겠습니까? |
| | はな<br>話す<br>말하다 | はな<br>話します<br>말합니다 | はな<br>話しましょう<br>말합시다 | はな<br>話しましょうか<br>말할까요? | はな<br>話しませんか<br>말하지 않겠습니까? |
| | ま<br>待つ<br>기다리다 | ま<br>待ちます<br>기다립니다 | ま<br>待ちましょう<br>기다립시다 | ま<br>待ちましょうか<br>기다릴까요? | ま<br>待ちませんか<br>기다리지 않겠습니까? |
| | あそ<br>遊ぶ<br>놀다 | あそ<br>遊びます<br>놉니다 | あそ<br>遊びましょう<br>놉시다 | あそ<br>遊びましょうか<br>놀까요? | あそ<br>遊びませんか<br>놀지 않겠습니까? |
| | よ<br>読む<br>읽다 | よ<br>読みます<br>읽습니다 | よ<br>読みましょう<br>읽읍시다 | よ<br>読みましょうか<br>읽을까요? | よ<br>読みませんか<br>읽지 않겠습니까? |
| | の<br>乗る<br>타다 | の<br>乗ります<br>탑니다 | の<br>乗りましょう<br>탑시다 | の<br>乗りましょうか<br>탈까요? | の<br>乗りませんか<br>타지 않겠습니까? |
| 2그룹<br>동사 | た<br>食べる<br>먹다 | た<br>食べます<br>먹습니다 | た<br>食べましょう<br>먹읍시다 | た<br>食べましょうか<br>먹을까요? | た<br>食べませんか<br>먹지 않겠습니까? |
| | み<br>見る<br>보다 | み<br>見ます<br>봅니다 | み<br>見ましょう<br>봅시다 | み<br>見ましょうか<br>볼까요? | み<br>見ませんか<br>보지 않겠습니까? |
| 3그룹<br>동사 | く<br>来る<br>오다 | き<br>来ます<br>옵니다 | き<br>来ましょう<br>옵시다 | き<br>来ましょうか<br>올까요? | き<br>来ませんか<br>오지 않겠습니까? |
| | する<br>하다 | します<br>합니다 | しましょう<br>합시다 | しましょうか<br>할까요? | しませんか<br>하지 않겠습니까? |

# 동사의 활용형

| 동사<br>구분 | 기본형<br>〜하다 | ます형<br>〜합니다 | て형<br>〜하고, 〜해서 | 의지형<br>〜하자 |
|---|---|---|---|---|
| 1그룹<br>동사 | 会<sub>あ</sub>う<br>만나다 | 会<sub>あ</sub>います<br>만납니다 | 会<sub>あ</sub>って<br>만나고, 만나서 | 会<sub>あ</sub>おう<br>만나자 |
| | 書<sub>か</sub>く<br>쓰다 | 書<sub>か</sub>きます<br>씁니다 | 書<sub>か</sub>いて<br>쓰고, 써서 | 書<sub>か</sub>こう<br>쓰자 |
| | 泳<sub>およ</sub>ぐ<br>헤엄치다 | 泳<sub>およ</sub>ぎます<br>헤엄칩니다 | 泳<sub>およ</sub>いで<br>헤엄치고, 헤엄쳐서 | 泳<sub>およ</sub>ごう<br>헤엄치자 |
| | 話<sub>はな</sub>す<br>말하다 | 話<sub>はな</sub>します<br>말합니다 | 話<sub>はな</sub>して<br>말하고, 말해서 | 話<sub>はな</sub>そう<br>말하자 |
| | 待<sub>ま</sub>つ<br>기다리다 | 待<sub>ま</sub>ちます<br>기다립니다 | 待<sub>ま</sub>って<br>기다리고, 기다려서 | 待<sub>ま</sub>とう<br>기다리자 |
| | 死<sub>し</sub>ぬ<br>죽다 | 死<sub>し</sub>にます<br>죽습니다 | 死<sub>し</sub>んで<br>죽고, 죽어서 | 死<sub>し</sub>のう<br>죽자 |
| | 遊<sub>あそ</sub>ぶ<br>놀다 | 遊<sub>あそ</sub>びます<br>놉니다 | 遊<sub>あそ</sub>んで<br>놀고, 놀아서 | 遊<sub>あそ</sub>ぼう<br>놀자 |
| | 読<sub>よ</sub>む<br>읽다 | 読<sub>よ</sub>みます<br>읽습니다 | 読<sub>よ</sub>んで<br>읽고, 읽어서 | 読<sub>よ</sub>もう<br>읽자 |
| | 乗<sub>の</sub>る<br>타다 | 乗<sub>の</sub>ります<br>탑니다 | 乗<sub>の</sub>って<br>타고, 타서 | 乗<sub>の</sub>ろう<br>타자 |
| 2그룹<br>동사 | 食<sub>た</sub>べる<br>먹다 | 食<sub>た</sub>べます<br>먹습니다 | 食<sub>た</sub>べて<br>먹고, 먹어서 | 食<sub>た</sub>べよう<br>먹자 |
| | 見<sub>み</sub>る<br>보다 | 見<sub>み</sub>ます<br>봅니다 | 見<sub>み</sub>て<br>보고, 봐서 | 見<sub>み</sub>よう<br>보자 |
| 3그룹<br>동사 | 来<sub>く</sub>る<br>오다 | 来<sub>き</sub>ます<br>옵니다 | 来<sub>き</sub>て<br>오고, 와서 | 来<sub>こ</sub>よう<br>오자 |
| | する<br>하다 | します<br>합니다 | して<br>하고, 해서 | しよう<br>하자 |

| 동사<br>구분 | 기본형<br>～하다 | 가능형<br>～할 수 있다 | た형<br>～했다 | ない형<br>～하지 않다 |
|---|---|---|---|---|
| 1그룹<br>동사 | <ruby>会<rt>あ</rt></ruby>う<br>만나다 | <ruby>会<rt>あ</rt></ruby>える<br>만날 수 있다 | <ruby>会<rt>あ</rt></ruby>った<br>만났다 | <ruby>会<rt>あ</rt></ruby>わない<br>만나지 않다 |
| | <ruby>書<rt>か</rt></ruby>く<br>쓰다 | <ruby>書<rt>か</rt></ruby>ける<br>쓸 수 있다 | <ruby>書<rt>か</rt></ruby>いた<br>썼다 | <ruby>書<rt>か</rt></ruby>かない<br>쓰지 않다 |
| | <ruby>泳<rt>およ</rt></ruby>ぐ<br>헤엄치다 | <ruby>泳<rt>およ</rt></ruby>げる<br>헤엄칠 수 있다 | <ruby>泳<rt>およ</rt></ruby>いだ<br>헤엄쳤다 | <ruby>泳<rt>およ</rt></ruby>がない<br>헤엄치지 않다 |
| | <ruby>話<rt>はな</rt></ruby>す<br>말하다 | <ruby>話<rt>はな</rt></ruby>せる<br>말할 수 있다 | <ruby>話<rt>はな</rt></ruby>した<br>말했다 | <ruby>話<rt>はな</rt></ruby>さない<br>말하지 않다 |
| | <ruby>待<rt>ま</rt></ruby>つ<br>기다리다 | <ruby>待<rt>ま</rt></ruby>てる<br>기다릴 수 있다 | <ruby>待<rt>ま</rt></ruby>った<br>기다렸다 | <ruby>待<rt>ま</rt></ruby>たない<br>기다리지 않다 |
| | <ruby>死<rt>し</rt></ruby>ぬ<br>죽다 | <ruby>死<rt>し</rt></ruby>ねる<br>죽을 수 있다 | <ruby>死<rt>し</rt></ruby>んだ<br>죽었다 | <ruby>死<rt>し</rt></ruby>なない<br>죽지 않다 |
| | <ruby>遊<rt>あそ</rt></ruby>ぶ<br>놀다 | <ruby>遊<rt>あそ</rt></ruby>べる<br>놀 수 있다 | <ruby>遊<rt>あそ</rt></ruby>んだ<br>놀았다 | <ruby>遊<rt>あそ</rt></ruby>ばない<br>놀지 않다 |
| | <ruby>読<rt>よ</rt></ruby>む<br>읽다 | <ruby>読<rt>よ</rt></ruby>める<br>읽을 수 있다 | <ruby>読<rt>よ</rt></ruby>んだ<br>읽었다 | <ruby>読<rt>よ</rt></ruby>まない<br>읽지 않다 |
| | <ruby>乗<rt>の</rt></ruby>る<br>타다 | <ruby>乗<rt>の</rt></ruby>れる<br>탈 수 있다 | <ruby>乗<rt>の</rt></ruby>った<br>탔다 | <ruby>乗<rt>の</rt></ruby>らない<br>타지 않다 |
| 2그룹<br>동사 | <ruby>食<rt>た</rt></ruby>べる<br>먹다 | <ruby>食<rt>た</rt></ruby>べられる<br>먹을 수 있다 | <ruby>食<rt>た</rt></ruby>べた<br>먹었다 | <ruby>食<rt>た</rt></ruby>べない<br>먹지 않다 |
| | <ruby>見<rt>み</rt></ruby>る<br>보다 | <ruby>見<rt>み</rt></ruby>られる<br>볼 수 있다 | <ruby>見<rt>み</rt></ruby>た<br>봤다 | <ruby>見<rt>み</rt></ruby>ない<br>보지 않다 |
| 3그룹<br>동사 | <ruby>来<rt>く</rt></ruby>る<br>오다 | <ruby>来<rt>こ</rt></ruby>られる<br>올 수 있다 | <ruby>来<rt>き</rt></ruby>た<br>왔다 | <ruby>来<rt>こ</rt></ruby>ない<br>오지 않다 |
| | する<br>하다 | できる<br>할 수 있다 | した<br>했다 | しない<br>하지 않다 |

## 동사의 표현 일람

| | 접속 형태 | 문형 | 의미 | |
|---|---|---|---|---|
| 1 | ます형 | + ながら | ~하면서 | 111쪽 |
| 2 | ます형 | + たいです | ~하고 싶습니다 | 144쪽 |
| 3 | て형 | + から | ~하고 나서, ~한 후에 | 133쪽 |
| 4 | て형 | + います | ~하고 있습니다 | 134쪽 |
| 5 | て형 | + おく | ~해 두다, ~해 놓다 | 145쪽 |
| 6 | て형 | + ください | ~해 주세요, ~해 주십시오 | 153쪽 |
| 7 | て형 | + くださいますか | ~해 주시겠어요? | 154쪽 |
| 8 | て형 | + もらえますか | ~해 주실 수 있어요?, ~해 주실래요? | 155쪽 |
| 9 | て형 | + も いいですか | ~해도 됩니까?, ~해도 괜찮습니까? | 172쪽 |
| 10 | て형 | + は いけません | ~해서는 안 됩니다 | 173쪽 |
| 11 | て형 | + しまいました | ~해 버렸습니다, ~하고 말았습니다 | 174쪽 |
| 12 | 기본형 | + つもりです | ~할 생각입니다, ~할 작정입니다 | 143쪽 |
| 13 | 의지형 | + と 思っています | ~하려고 생각하고 있습니다 | 142쪽 |
| 14 | 기본형 | + ことができます | ~할 수(가) 있습니다 | 163쪽 |
| 15 | 기본형 | + ために | ~하기 위하여 | 165쪽 |
| 16 | 기본형 / た형 | + かもしれません | ~할지도 모릅니다 | 175쪽 |
| 17 | た형 | + ことが あります | ~한 적이 있습니다 | 165쪽 |
| 18 | た형 | + ばかりです | ~한 지 얼마 안 됐습니다, (막) ~한 참입니다 | 185쪽 |
| 19 | ない형 | + なければならない | ~하지 않으면 안 된다, ~해야 한다 | 183쪽 |
| 20 | ない형 | + で ください | ~하지 마세요 | 184쪽 |

정답

## Day 04

**1** 1 ①　　2 ①　　3 ③

> 듣기 대본
> **1** はじめまして。わたしは パク・ミエです。
> **2** せんせい、しょうたい ありがとうございます。
> **3** これ、どうぞ。

**2** 1 それ / ほん

　　2 はじめまして / よろしく

　　3 こちら / ともだちの

**3** 1 ④　　2 ④　　3 ①

## Day 05

**1** 1 ①　　2 ①　　3 ③

> 듣기 대본
> **1** ねこの えさは たなの うえに あります。
> **2** がくせいは きょうしつに います。
> **3** いらっしゃいませ。

**2** 1 います

　　2 どこ / あります

　　3 いません / むすこ / います

**3** 1 ④　　2 ②　　3 ③

## Day 06

**1** 1 しゅ　　　　2 きょ

　　3 じこ　　　　4 ざ / ね

> 듣기 대본
> **1** サッカー せんしゅ　　**2** きょねん
> **3** じこですか。　　　　**4** ざんねんですね。

**2** 1 かのじょは モデルでは ありません。

　　2 ぼくの ゆめは えいごの せんせいでは
　　ありませんでした。

**3** 1 ④　　2 ①　　3 ④

> **1** やまだくんの ゆめは ピアニストでは ありません。
> **2** えっ? それは どうしてですか。
> **3** きょねんまで せんせいじゃ なかったです。

## Day 07

**1** 1 よんかい　　　　2 みません

　　3 よじ　　　　　　4 ようび

> 듣기 대본
> **1** かばん うりばは よんかいです。
> **2** あのう、すみません。
> **3** いま よじ さんじっぷんです。
> **4** やすみは なんようびですか。

**2** 1 げつようび

　　2 12時 / 1時
　　　じゅうにじ　いちじ

　　3 この / いくら

**3** 1 ①　　2 ④　　3 ②

> **1** この かばんは いくらですか。
> **2** あのう、かばん うりばは なんがいですか。
> **3** ゆうびんきょくは くじから ごじまでです。

## Day 08

**1** 1 れんらく　　　　2 すぐ

　　3 いっしょ　　　　4 たんじょうび

> 듣기 대본
> **1** れんらく ください。

**2** もう すぐですね。

**3** いっしょに どうですか。

**4** おたんじょうびは いつですか。

**2** **1** 2月 21日
<ruby>に<rt>に</rt></ruby> <ruby>がつ<rt>がつ</rt></ruby> <ruby>にじゅういち<rt>にじゅういち</rt></ruby> <ruby>にち<rt>にち</rt></ruby>

**2** かのじょ / おいくつ

**3** 010-7924-6835

(ゼロいちゼロの ななきゅうにーよんの ろくはちさんごー)

**3** **1** ① **2** ① **3** ③

> **1** テストは 午前で、パーティーは 午後です。
>
> **2** でも、その日は テストが あります。
>
> **3** 先生の 誕生日は 何月 何日ですか。

<br>

### Day 09

**1** **1** よかった **2** つよく **3** あたたかい

> 듣기 대본
>
> **1** それは よかったですね。
>
> **2** かぜは あまり つよく なかったです。
>
> **3** あたたかい うどんは どうですか。

**2** **1** とても / あまり / おもしろく

**2** やさしくて

**3** よかった / よく / なかった

**3** **1** ③ **2** ① **3** ①

> **1** その 店は あまり やすく ないです。
>
> **2** 天気は あまり よく なかったです。
>
> **3** きょうは さむいから うどんが いいですね。

<br>

### Day 10

**1** **1** じょうず **2** ぜんぜん **3** まだまだ

---

듣기 대본

**1** りょうりが じょうずですね。

**2** ぜんぜん じょうずじゃ ないです。

**3** まだまだです。

**2** **1** 親切です / ないです 또는 ありません
<ruby>しんせつ<rt>しんせつ</rt></ruby>

**2** より / ほう

**3** しずかで / きれいな

**3** **1** ① **2** ③ **3** ②

> **1** いいえ、全然 上手じゃ ないです。
>
> **2** でも、今は きれいな 部屋が いいですね。
>
> **3** 私は 料理より 掃除の ほうが 好きです。

<br>

### Day 11

① あいます / あいません

② うたいますか / うたいません

③ ききます / ききながら

④ かきながら

⑤ いきます / いきますか

⑥ はなします / はなしません

⑦ まちます / まちながら

⑧ あそびますか / あそびながら

⑨ のみます / のみません

⑩ よみますか / よみながら

⑪ あります / ありません

⑫ かえります / かえりますか

⑬ のります / のりますか

⑭ はいりますか / はいりながら

⑮ たべません / たべながら

⑯ みます / みながら

⑰ きます / きません

⑱ しますか / しながら

## Day 12

**1**　1 ました　　　2 やすみましょう

　　3 に します

듣기 대본
1 はちじに おきました。
2 すこし やすみましょうか。
3 わたしは コーヒーに します。

**2**　1 夜遅く / 書き

　　2 でも / 飲み

　　3 ませんでした

**3**　1 ②　　2 ①　　3 ②

1 ええ、そう しましょう。コーヒーでも 飲みませんか。
2 いっしょに 写真を とりましょう。
3 今朝は コーヒーを 飲みませんでした。

## Day 13

| 1 ③ | 2 ② | 3 ③ | 4 ② |
| 5 ④ | 6 ① | 7 ② | 8 ③ |
| 9 ② | 10 ② | 11 ② | 12 ④ |

## Day 14

**1**　1 あらって　　　2 おしえて　　　3 すごい

듣기 대본
1 かおを あらって あさごはんを たべます。
2 にほんごを おしえて います。
3 すごいですね。

**2**　1 食べて

　　2 終わってから / しますか

---

　　3 に / 勤めて

**3**　1 ③　　2 ②　　3 ②

1 アルバイトで 日本語を 教えて います。
2 朝ごはんを 食べてから 会社に 行きます。
3 何を して いますか。コーヒーを 飲んで います。

## Day 15

**1**　1 おきました　　2 つもり　　　3 もちろん

듣기 대본
1 よやくして おきましたか。
2 にほんに いく つもりです。
3 もちろんです。

**2**　1 行こう / 思って

　　2 したいです

　　3 買って / おきましたか

**3**　1 ②　　2 ②　　3 ③

1 バスに 乗ろうと 思って います。
2 パスポートなどは 準備して おきましたか。
3 飛行機の チケットを 予約する つもりです。

## Day 16

**1**　1 かいて　　　　2 おしえて

　　3 きこえません

듣기 대본
1 みぎがわに かいて ください。
2 おしえて くださいますか。
3 よく きこえません。

**2**　1 食べたく

　　2 書いて

3 読んで

**3** 1 ③　　2 ①　　3 ①

> 1 これから テストを はじめます。
> 2 名前を 書く ところを 教えて くださいますか。
> 3 もう 一度 読みますから よく 聞いて ください。

## Day 17

**1** 1 よめます　　2 ため

3 じょうずじゃ

> 듣기 대본
> 1 この かんじが よめますか。
> 2 べんきょうする ために きました。
> 3 あまり じょうずじゃ ないです。

**2** 1 話せます (できます)

2 行った / こと

3 ため

**3** 1 ④　　2 ④　　3 ②

> 1 ピアノが できますか。いいえ、全然 できません。
> 2 中国に 行った ことが ありますか。
> 3 日本語を 勉強する ために 日本に 行きました。

## Day 18

**1** 1 わかり　　2 みたい　　3 だめ

> 듣기 대본
> 1 わかりました。
> 2 そう みたいです。
> 3 いいえ、だめです。

**2** 1 だめ / いけません

2 とめ

3 なくし / しまい

**3** 1 ④　　2 ②　　3 ④

> 1 となりの ビルには 駐車場が あるかも しれません。
> 2 ここは 駐車禁止なので とめては いけません。
> 3 ここに 車を とめても いいですか。

## Day 19

**1** 1 おきた　　2 しなければ

3 わすれないで

> 듣기 대본
> 1 いま おきた ばかりです。
> 2 そうじを しなければ ならないです。
> 3 やくそくを わすれないで ください。

**2** 1 行か / なり

2 忙しくて

3 来 / ばかり

**3** 1 ③　　2 ①　　3 ③

> 1 今度の 日曜日、買い物 しない?
> 2 会社に 行かなければ ならないです。
> 3 来週の 約束は 忘れないで ください。

## Day 20

| 1 ① | 2 ② | 3 ④ | 4 ③ |
| 5 ① | 6 ① | 7 ③ | 8 ④ |
| 9 ② | 10 ④ | 11 ① | 12 ② |

# 나혼자 끝내는
# 독학 일본어
# 첫걸음

## 쓰기 노트

# Day 01
## 히라가나 외우기
청음 / 탁음 / 반탁음 / 요음

🎧 MP3 0-1-01

| 단 \ 행 | あ행 | か행 | さ행 | た행 | な행 | は행 | ま행 | や행 | ら행 | わ행 | ん |
|---|---|---|---|---|---|---|---|---|---|---|---|
| あ단 | あ<br>a | か<br>ka | さ<br>sa | た<br>ta | な<br>na | は<br>ha | ま<br>ma | や<br>ya | ら<br>ra | わ<br>wa | ん<br>n |
| い단 | い<br>i | き<br>ki | し<br>shi | ち<br>chi | に<br>ni | ひ<br>hi | み<br>mi | | り<br>ri | | |
| う단 | う<br>u | く<br>ku | す<br>su | つ<br>tsu | ぬ<br>nu | ふ<br>fu | む<br>mu | ゆ<br>yu | る<br>ru | | |
| え단 | え<br>e | け<br>ke | せ<br>se | て<br>te | ね<br>ne | へ<br>he | め<br>me | | れ<br>re | | |
| お단 | お<br>o | こ<br>ko | そ<br>so | と<br>to | の<br>no | ほ<br>ho | も<br>mo | よ<br>yo | ろ<br>ro | を<br>wo | |

# 청음

🎧 MP3 0-1-02  📖 본책 16쪽

일본어의 기본 모음은 5개입니다. 우리말의 '아, 이, 우, 에, 오'보다 입을 약간 작게 벌리고 발음합니다. う는 우리말의 '우'에 가깝지만, 입술을 쭈욱 내밀지 말고 약간만 내밀고 발음하면 됩니다.

a 아

あかちゃん [아까짱]
아기

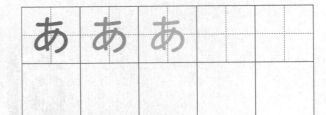

i 이

いちご [이찌고]
딸기

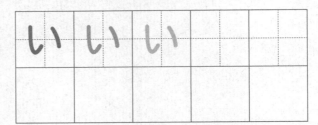

u 우

うさぎ [우사기]
토끼

e 에

えんぴつ [엠삐쯔]
연필

o 오

おう [오-]
왕

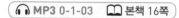
# か행

단어의 맨 앞에 올 때에는 '카, 키, 쿠, 케, 코', 단어 중간에 올 때에는 '까, 끼, 꾸, 께, 꼬'에 가깝게 발음합니다.

**ka 카**

かめ [카메]
거북이

か　か　か

**ki 키**

きんぎょ [킨교]
금붕어

き　き　き

**ku 쿠**

くり [쿠리]
밤

く　く　く

**ke 케**

けむり [케무리]
연기

け　け　け

**ko 코**

こま [코마]
팽이

こ　こ　こ

🎧 MP3 0-1-04　📖 본책 17쪽

さ 행은 우리말의 '사, 시, 스, 세, 소'와 비슷하게 발음합니다. し는 발음을 shi라고 표기하지만 '쉬'가 아닌 '시'처럼 발음하세요. 그리고 す도 약간 숨을 들이마시면서 발음하기 때문에 '수'보다는 '스'에 가깝게 발음됩니다.

sa 사

さる [사루]
원숭이

| さ | さ | さ | | |
| --- | --- | --- | --- | --- |
| | | | | |

shi 시

しか [시까]
사슴

| し | し | し | | |
| --- | --- | --- | --- | --- |
| | | | | |

su 스

すいか [스이까]
수박

| す | す | す | | |
| --- | --- | --- | --- | --- |
| | | | | |

se 세

せみ [세미]
매미

| せ | せ | せ | | |
| --- | --- | --- | --- | --- |
| | | | | |

so 소

そば [소바]
메밀국수

| そ | そ | そ | | |
| --- | --- | --- | --- | --- |
| | | | | |

た행

단어의 맨 앞에 올 때에는 '타, 치, 츠, 테, 토', 단어 중간에 올 때에는 '따, 찌, 쯔, 떼, 또'
에 가깝게 발음합니다. た행에서는 ち와 つ의 발음에 주의해야 합니다. 특히 つ는 우
리말에 없는 발음이라 틀리기 쉬운데, 혀끝을 앞니에 살짝 댔다가 떼면서 발음하면
됩니다.

ta 타

たんぽぽ [탐뽀뽀]
민들레

chi 치

ちょう [쵸−]
나비

tsu 츠

つばめ [츠바메]
제비

te 테

てぶくろ [테부꾸로]
장갑

to 토

とうだい [토−다이]
등대

🎧 MP3 0-1-06 📖 본책 18쪽

な행은 우리말의 '나, 니, 누, 네, 노'처럼 발음합니다. ぬ는 ま행의 め[메]와 헷갈리지 않도록 주의하세요. ね 역시 ら행의 れ[레]와 헷갈리기 쉬우니 주의하셔야 합니다.

na 나

なす [나스]
가지

ni 니

にわとり [니와또리]
닭

nu 누

ぬいぐるみ [누이구루미]
봉제인형

ne 네

ねこ [네꼬]
고양이

no 노

のこぎり [노꼬기리]
톱

6

は행은 우리말의 '하, 히, 후, 헤, 호'보다 좀 더 세게 하여 바람이 픽픽 새는 듯한 느낌으로 발음하는 것이 좋습니다. ふ는 fu라고 표기하지만, 우리말의 '후'에 가까운 발음입니다.

**ha 하**

はさみ [하사미]
가위

は　は　は

**hi 히**

ひよこ [히요꼬]
병아리

ひ　ひ　ひ

**fu 후**

ふうせん [후–센]
풍선

ふ　ふ　ふ

**he 헤**

へび [헤비]
뱀

へ　へ　へ

**ho 호**

ほん [홍]
책

ほ　ほ　ほ

🎧 MP3 0-1-08　📖 본책 18쪽

ま행은 우리말의 '마, 미, 무, 메, 모'와 같이 발음합니다. め는 な행의 ぬ[누]와 헷갈리지 않도록 주의하세요. む는 쓰는 법이 까다로우므로 획순을 주의하며 쓰세요.

ma 마

まじょ [마죠]
마녀

mi 미

みかん [미깡]
귤

mu 무

むし [무시]
벌레

me 메

めがね [메가네]
안경

mo 모

もみじ [모미지]
단풍

MP3 0-1-09 　本책 19쪽

や, ゆ, よ는 반모음 또는 이중 모음이라고 합니다.
발음은 우리말의 '야, 유, 요'와 비슷하게 합니다.

ya 야
やかん [야깡]
주전자

yu 유
ゆり [유리]
백합

yo 요
ようせい [요-세-]
요정

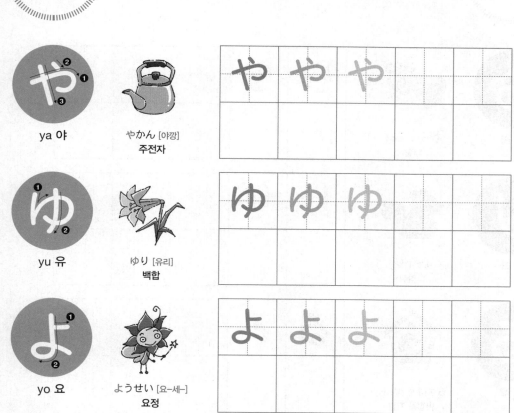

헷갈리기 쉬우니 주의하세요!

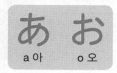
a 아　ㅇ 오

ki 키　sa 사

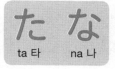
ta 타　na 나

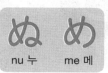
nu 누　me 메

9

🎧 MP3 0-1-10    📖 본책 19쪽

**ら행**

ら행은 우리말의 '라, 리, 루, 레, 로'처럼 발음합니다. れ는 な행의 ね[네] 그리고 바로 뒤에 배울 わ[와]와 헷갈리지 않도록 주의하세요.

**ra 라**

らっぱ [랍빠]
**나팔**

| ら | ら | ら | | |
|---|---|---|---|---|
| | | | | |

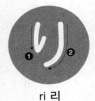
**ri 리**

りす [리스]
**다람쥐**

| り | り | り | | |
|---|---|---|---|---|
| | | | | |

**ru 루**

るすばん [루스방]
**빈집을 지킴**

| る | る | る | | |
|---|---|---|---|---|
| | | | | |

**re 레**

れいぞうこ [레-조-꼬]
**냉장고**

| れ | れ | れ | | |
|---|---|---|---|---|
| | | | | |

**ro 로**

ろうそく [로-소꾸]
**양초**

| ろ | ろ | ろ | | |
|---|---|---|---|---|
| | | | | |

わ행/ん

わ도 や, ゆ, よ와 마찬가지로 반모음 또는 이중 모음이라고 합니다. わ는 ね[네], れ[레]와 헷갈리지 않도록 주의하세요. を는 あ행의 お[오]와 발음은 같으나 조사로만 사용됩니다. ん은 우리말의 'ㄴ, ㅁ, ㅇ' 중 하나로 발음됩니다.

wa 와

わし [와시]
독수리

wo 오

てをあらう [테오 아라우]
손을 씻다

n 응

にんじん [닌징]
당근

 헷갈리기 쉬우니 주의하세요!

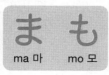

は ha 하   ほ ho 호

ま ma 마   も mo 모

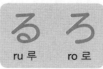

る ru 루   ろ ro 로

ね ne 네   れ re 레   わ wa 와

11

# 탁음

탁음은 か행·さ행·た행·は행의 문자 오른쪽 윗부분에 ゛부호를 붙여 표기합니다. が행의 글자가 다른 글자 뒤에 붙을 때에는 콧소리가 되는 경우가 많습니다.

| が | が | が | が | | | |
|---|---|---|---|---|---|---|
| **ga 가** | | | | | | |

| ぎ | ぎ | ぎ | ぎ | | | |
|---|---|---|---|---|---|---|
| **gi 기** | | | | | | |

| ぐ | ぐ | ぐ | ぐ | | | |
|---|---|---|---|---|---|---|
| **gu 구** | | | | | | |

| げ | げ | げ | げ | | | |
|---|---|---|---|---|---|---|
| **ge 게** | | | | | | |

| ご | ご | ご | ご | | | |
|---|---|---|---|---|---|---|
| **go 고** | | | | | | |

우리말에 없는 발음이라서 주의해야 하는 발음 중에 하나입니다.
영어의 z처럼 발음합니다.

**ざ**
za 자

| ざ | ざ | ざ | | | |
|---|---|---|---|---|---|
| | | | | | |

**じ**
ji 지

| じ | じ | じ | | | |
|---|---|---|---|---|---|
| | | | | | |

**ず**
zu 즈

| ず | ず | ず | | | |
|---|---|---|---|---|---|
| | | | | | |

**ぜ**
ze 제

| ぜ | ぜ | ぜ | | | |
|---|---|---|---|---|---|
| | | | | | |

**ぞ**
zo 조

| ぞ | ぞ | ぞ | | | |
|---|---|---|---|---|---|
| | | | | | |

🎧 MP3 0-1-14    📖 본책 20쪽

ぢ·づ는 ざ행의 じ·ず와 발음이 똑같습니다. 현재는 잘 쓰이지 않고 표기할 경우
에는 보통 じ·ず 쪽을 씁니다.

**だ**
da 다

| だ | だ | だ | | | |
|---|---|---|---|---|---|
| | | | | | |

**ぢ**
ji 지

| ぢ | ぢ | ぢ | | | |
|---|---|---|---|---|---|
| | | | | | |

**づ**
zu 즈

| づ | づ | づ | | | |
|---|---|---|---|---|---|
| | | | | | |

**で**
de 데

| で | で | で | | | |
|---|---|---|---|---|---|
| | | | | | |

**ど**
do 도

| ど | ど | ど | | | |
|---|---|---|---|---|---|
| | | | | | |

は행은 탁음 ば행, 뒤에 나오는 반탁음 ぱ행과 구분해서 알아두어야 합니다.

**ば**
ba 바

| ば | ば | ば | | |
|---|---|---|---|---|
| | | | | |

**び**
bi 비

| び | び | び | | |
|---|---|---|---|---|
| | | | | |

**ぶ**
bu 부

| ぶ | ぶ | ぶ | | |
|---|---|---|---|---|
| | | | | |

**べ**
be 베

| べ | べ | べ | | |
|---|---|---|---|---|
| | | | | |

**ぼ**
bo 보

| ぼ | ぼ | ぼ | | |
|---|---|---|---|---|
| | | | | |

# 반탁음

🎧 MP3 0-1-16   📖 본책 20쪽

반탁음은 は행의 문자 오른쪽 윗부분에 ˚를 붙여 표기합니다. 단어의 맨 앞에 올 때에는 '파, 피, 푸, 페, 포', 단어 중간에 올 때에는 '빠, 삐, 뿌, 뻬, 뽀'에 가깝게 발음합니다.

**ぱ**
pa 파

| ぱ | ぱ | ぱ | | | |
|---|---|---|---|---|---|
| | | | | | |

**ぴ**
pi 피

| ぴ | ぴ | ぴ | | | |
|---|---|---|---|---|---|
| | | | | | |

**ぷ**
pu 푸

| ぷ | ぷ | ぷ | | | |
|---|---|---|---|---|---|
| | | | | | |

**ぺ**
pe 페

| ぺ | ぺ | ぺ | | | |
|---|---|---|---|---|---|
| | | | | | |

**ぽ**
po 포

| ぽ | ぽ | ぽ | | | |
|---|---|---|---|---|---|
| | | | | | |

## 요음

🎧 MP3 0-1-17　📖 본책 21쪽

요음은 자음의 い단인 き·し·ち·に·ひ·み·り·ぎ·じ·び·ぴ 옆에 や·ゆ·よ를 작게 써서 표기합니다. 두 글자를 합한 것이지만, 한 음절로 발음해야 합니다. 즉, 작은 글자로 표기한 ゃ·ゅ·ょ는 우리말의 'ㅑ, ㅠ, ㅛ'와 같은 역할을 합니다.

| きゃ<br>kya 캬 | きゃ | きゃ | きゃ | | | |
|---|---|---|---|---|---|---|

| きゅ<br>kyu 큐 | きゅ | きゅ | きゅ | | | |
|---|---|---|---|---|---|---|

| きょ<br>kyo 쿄 | きょ | きょ | きょ | | | |
|---|---|---|---|---|---|---|

| ぎゃ<br>gya 갸 | ぎゃ | ぎゃ | ぎゃ | | | |
|---|---|---|---|---|---|---|

| ぎゅ<br>gyu 규 | ぎゅ | ぎゅ | ぎゅ | | | |
|---|---|---|---|---|---|---|

| ぎょ<br>gyo 교 | ぎょ | ぎょ | ぎょ | | | |
|---|---|---|---|---|---|---|

しゃ
sha 샤

しゃ　しゃ　しゃ

しゅ
shu 슈

しゅ　しゅ　しゅ

しょ
sho 쇼

しょ　しょ　しょ

じゃ
ja 쟈

じゃ　じゃ　じゃ

じゅ
ju 쥬

じゅ　じゅ　じゅ

じょ
jo 죠

じょ　じょ　じょ

ちゃ
cha 챠

ちゃ　ちゃ　ちゃ

ちゅ
chu 츄

ちゅ　ちゅ　ちゅ

ちょ
cho 쵸

ちょ　ちょ　ちょ

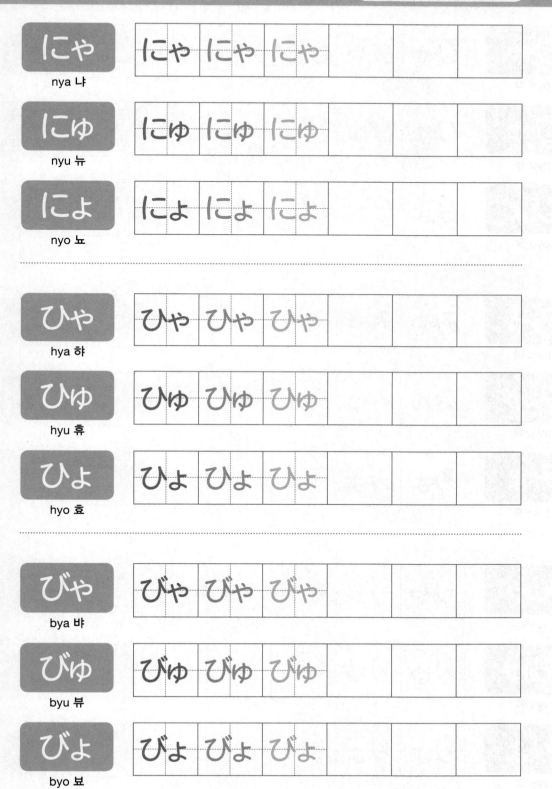

にゃ
nya 냐

にゃ にゃ にゃ

にゅ
nyu 뉴

にゅ にゅ にゅ

にょ
nyo 뇨

にょ にょ にょ

ひゃ
hya 햐

ひゃ ひゃ ひゃ

ひゅ
hyu 휴

ひゅ ひゅ ひゅ

ひょ
hyo 효

ひょ ひょ ひょ

びゃ
bya 뱌

びゃ びゃ びゃ

びゅ
byu 뷰

びゅ びゅ びゅ

びょ
byo 뵤

びょ びょ びょ

| ぴゃ | ぴゃ | ぴゃ | ぴゃ | | | |
| pya 퍄 | | | | | | |

| ぴゅ | ぴゅ | ぴゅ | ぴゅ | | | |
| pyu 퓨 | | | | | | |

| ぴょ | ぴょ | ぴょ | ぴょ | | | |
| pyo 표 | | | | | | |

| みゃ | みゃ | みゃ | みゃ | | | |
| mya 먀 | | | | | | |

| みゅ | みゅ | みゅ | みゅ | | | |
| myu 뮤 | | | | | | |

| みょ | みょ | みょ | みょ | | | |
| myo 묘 | | | | | | |

| りゃ | りゃ | りゃ | りゃ | | | |
| rya 랴 | | | | | | |

| りゅ | りゅ | りゅ | りゅ | | | |
| ryu 류 | | | | | | |

| りょ | りょ | りょ | りょ | | | |
| ryo 료 | | | | | | |

# Day 02
## 가타카나 외우기
청음 / 탁음 / 반탁음 / 요음

🎧 MP3 0-2-01

| 단＼행 | ア행 | カ행 | サ행 | タ행 | ナ행 | ハ행 | マ행 | ヤ행 | ラ행 | ワ행 | ン |
|---|---|---|---|---|---|---|---|---|---|---|---|
| ア단 | ア<br>a | カ<br>ka | サ<br>sa | タ<br>ta | ナ<br>na | ハ<br>ha | マ<br>ma | ヤ<br>ya | ラ<br>ra | ワ<br>wa | ン<br>n |
| イ단 | イ<br>i | キ<br>ki | シ<br>shi | チ<br>chi | ニ<br>ni | ヒ<br>hi | ミ<br>mi | | リ<br>ri | | |
| ウ단 | ウ<br>u | ク<br>ku | ス<br>su | ツ<br>tsu | ヌ<br>nu | フ<br>fu | ム<br>mu | ユ<br>yu | ル<br>ru | | |
| エ단 | エ<br>e | ケ<br>ke | セ<br>se | テ<br>te | ネ<br>ne | ヘ<br>he | メ<br>me | | レ<br>re | | |
| オ단 | オ<br>o | コ<br>ko | ソ<br>so | ト<br>to | ノ<br>no | ホ<br>ho | モ<br>mo | ヨ<br>yo | ロ<br>ro | ヲ<br>wo | |

청음

 ア행

히라가나로는 あ, い, う, え, お

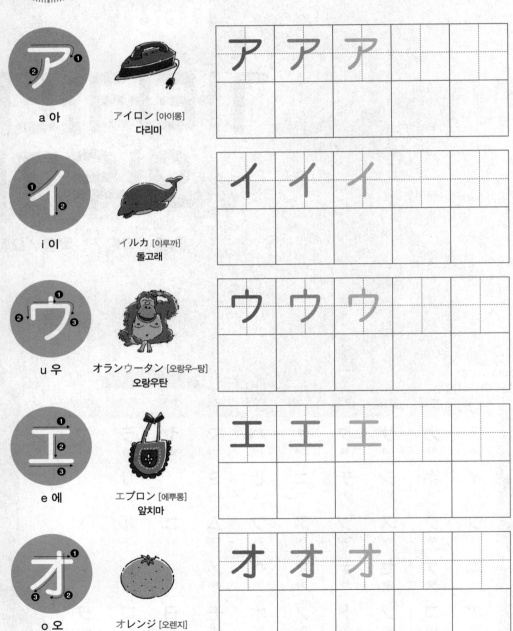

a 아

アイロン [아이롱]
다리미

| ア | ア | ア | | |
|---|---|---|---|---|
| | | | | |

i 이

イルカ [이루까]
돌고래

| イ | イ | イ | | |
|---|---|---|---|---|
| | | | | |

u 우

オランウータン [오랑우―탕]
오랑우탄

| ウ | ウ | ウ | | |
|---|---|---|---|---|
| | | | | |

e 에

エプロン [에뿌롱]
앞치마

| エ | エ | エ | | |
|---|---|---|---|---|
| | | | | |

o 오

オレンジ [오렌지]
오렌지

| オ | オ | オ | | |
|---|---|---|---|---|
| | | | | |

力행

히라가나로는 か, き, く, け, こ

ka 카　　カー [카-]
자동차

ki 키　　キャベツ [카베쯔]
양배추

ku 쿠　　クレヨン [쿠레용]
크레용

ke 케　　ケーキ [케-끼]
케이크

ko 코　　コアラ [코아라]
코알라

🎧 MP3 0-2-04   📖 본책 26쪽

サ행

히라가나로는 さ, し, す, せ, そ

sa 사

サンドイッチ [산도잇찌]
샌드위치

サ サ サ

shi 시

シーディー [시-디-]
CD

シ シ シ

su 스

スリッパ [스립빠]
슬리퍼

ス ス ス

se 세

セーター [세-따-]
스웨터

セ セ セ

so 소

ソーセージ [소-세-지]
소시지

ソ ソ ソ

**タ**행　히라가나로는 た, ち, つ, て, と

| | | | | |
|---|---|---|---|---|

ta 타

タンバリン [탐바린]
**탬버린**

タ　タ　タ

chi 치

チーズ [차-즈]
**치즈**

チ　チ　チ

tsu 츠

ツリー [츠리-]
**트리**

ツ　ツ　ツ

te 테

テレビ [테레비]
**텔레비전**

テ　テ　テ

to 토

トマト [토마또]
**토마토**

ト　ト　ト

25

🎧 MP3 0-2-06　📖 본책 27쪽

ナ행

히라가나로는 な, に, ぬ, ね, の

na 나
ナイフ [나이후]
칼

ni 니
ニュース [뉴-스]
뉴스

nu 누
カヌー [카누-]
카누

ne 네
ネクタイ [네꾸따이]
넥타이

no 노
ノート [노-또]
노트

26

# ハ행

히라가나로는 は, ひ, ふ, へ, ほ

**ha 하**

ハーモニカ [하ー모니까]
하모니카

**hi 히**

ヒーター [히ー따ー]
히터

**fu 후**

フォーク [호ー꾸]
포크

**he 헤**

ヘリコプター [헤리꼬뿌따ー]
헬리콥터

**ho 호**

ホチキス [호찌끼스]
호치키스

27

マ행

🎧 MP3 0-2-08    📖 본책 28쪽

히라가나로는 ま, み, む, め, も

ma 마

マッチ [맛찌]
성냥

マ マ マ

mi 미

ミルク [미루꾸]
우유

ミ ミ ミ

mu 무

アイスクリーム
[아이스꾸리-무] 아이스크림

ム ム ム

me 메

メロン [메론]
멜론

メ メ メ

mo 모

モノレール [모노레-루]
모노레일

モ モ モ

 ヤ행

히라가나로는 や, ゆ, よ

🎧 MP3 0-2-09    📖 본책 28쪽

ya 야

キャッチャー [캿챠-]
포수

yu 유

ユニホーム [유니호-무]
유니폼

yo 요

ヨーグルト [요-구루또]
요구르트

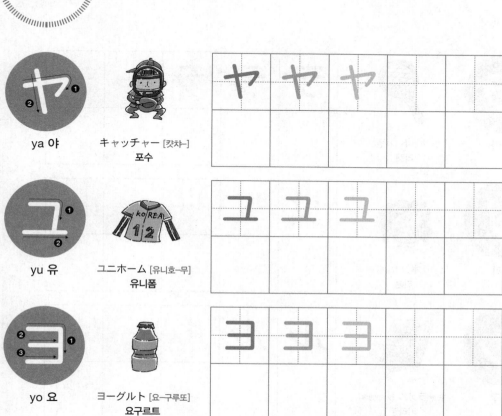

🍜 헷갈리기 쉬우니 주의하세요!

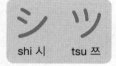
shi 시    tsu 쯔

su 스    nu 누

chi 치    te 테

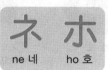
ne 네    ho 호

🎧 MP3 0-2-10　📖 본책 28쪽

# ラ 행

히라가나로는 ら, り, る, れ, ろ

ra 라

ラケット [라껫또]
라켓

| ラ | ラ | ラ | | |
|---|---|---|---|---|
| | | | | |

ri 리

リボン [리본]
리본

| リ | リ | リ | | |
|---|---|---|---|---|
| | | | | |

ru 루

キャラメル [캬라메루]
캬라멜

| ル | ル | ル | | |
|---|---|---|---|---|
| | | | | |

re 레

レモン [레몬]
레몬

| レ | レ | レ | | |
|---|---|---|---|---|
| | | | | |

ro 로

ロープウェー [로-뿌웨-]
로프웨이

| ロ | ロ | ロ | | |
|---|---|---|---|---|
| | | | | |

히라가나로는 わ, を, ん

wa 와

ワイシャツ [와이샤쯔]
와이셔츠

wo 오

n 응

パンダ [판다]
판다

헷갈리기 쉬우니 주의하세요! · · · · · · · · · · · · · · · · · ·

ウ u 우　ワ wa 와　コ ko 코　ユ yu 유　ラ ra 라　ヲ o 오　ソ so 소　ン n 응

히라가나로는 が, ぎ, ぐ, げ, ご

| ガ | ガ | ガ | | |
|---|---|---|---|---|
| | | | | |

ga 가

| ギ | ギ | ギ | | |
|---|---|---|---|---|
| | | | | |

gi 기

| グ | グ | グ | | |
|---|---|---|---|---|
| | | | | |

gu 구

| ゲ | ゲ | ゲ | | |
|---|---|---|---|---|
| | | | | |

ge 게

| ゴ | ゴ | ゴ | | |
|---|---|---|---|---|
| | | | | |

go 고

ザ행

히라가나로는 ざ, じ, ず, ぜ, ぞ

ザ
za 자

ジ
ji 지

ズ
zu 즈

ゼ
ze 제

ゾ
zo 조

33

🎧 MP3 0-2-14　📖 본책 29쪽

히라가나로는 だ, ぢ, づ, で, ど

**ダ**
da 다

| ダ | ダ | ダ | | | |
|---|---|---|---|---|---|
| | | | | | |

**ヂ**
ji 지

| ヂ | ヂ | ヂ | | | |
|---|---|---|---|---|---|
| | | | | | |

**ヅ**
zu 즈

| ヅ | ヅ | ヅ | | | |
|---|---|---|---|---|---|
| | | | | | |

**デ**
de 데

| デ | デ | デ | | | |
|---|---|---|---|---|---|
| | | | | | |

**ド**
do 도

| ド | ド | ド | | | |
|---|---|---|---|---|---|
| | | | | | |

# バ행

히라가나로는 ば, び, ぶ, べ, ぼ

**ba 바**

**bi 비**

**bu 부**

**be 베**

**bo 보**

히라가나로는 ぱ, ぴ, ぷ, ぺ, ぽ

| パ | パ | パ | | | |
|---|---|---|---|---|---|
| | | | | | |

**pa 파**

| ピ | ピ | ピ | | | |
|---|---|---|---|---|---|
| | | | | | |

**pi 피**

| プ | プ | プ | | | |
|---|---|---|---|---|---|
| | | | | | |

**pu 푸**

| ペ | ペ | ペ | | | |
|---|---|---|---|---|---|
| | | | | | |

**pe 페**

| ポ | ポ | ポ | | | |
|---|---|---|---|---|---|
| | | | | | |

**po 포**

## 요음

🎧 MP3 0-2-17   📖 본책 30쪽

히라가나로는 きゃ, きゅ, きょ / ぎゃ, ぎゅ, ぎょ / しゃ, しゅ, しょ / じゃ, じゅ, じょ /
ちゃ, ちゅ, ちょ / にゃ, にゅ, にょ / ひゃ, ひゅ, ひょ / びゃ, びゅ, びょ /
ぴゃ, ぴゅ, ぴょ / みゃ, みゅ, みょ / りゃ, りゅ, りょ

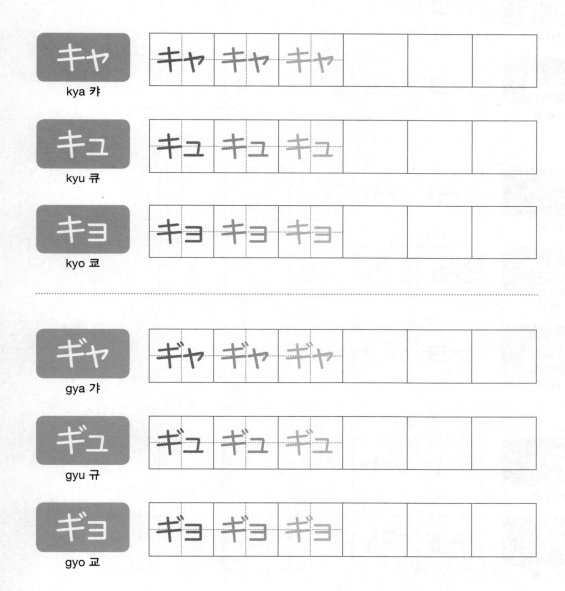

| キャ kya 캬 | キャ | キャ | キャ | | | |
| キュ kyu 큐 | キュ | キュ | キュ | | | |
| キョ kyo 쿄 | キョ | キョ | キョ | | | |
| ギャ gya 갸 | ギャ | ギャ | ギャ | | | |
| ギュ gyu 규 | ギュ | ギュ | ギュ | | | |
| ギョ gyo 교 | ギョ | ギョ | ギョ | | | |

| シャ<br>sha 샤 | シャ | シャ | シャ | | | |
| シュ<br>shu 슈 | シュ | シュ | シュ | | | |
| ショ<br>sho 쇼 | ショ | ショ | ショ | | | |
| ジャ<br>ja 쟈 | ジャ | ジャ | ジャ | | | |
| ジュ<br>ju 쥬 | ジュ | ジュ | ジュ | | | |
| ジョ<br>jo 죠 | ジョ | ジョ | ジョ | | | |
| チャ<br>cha 챠 | チャ | チャ | チャ | | | |
| チュ<br>chu 츄 | チュ | チュ | チュ | | | |
| チョ<br>cho 쵸 | チョ | チョ | チョ | | | |

| ニヤ | ニヤ | ニヤ | ニヤ | | | |
| :--: | :--: | :--: | :--: | :--: | :--: | :--: |

nya 냐

| ニュ | ニュ | ニュ | ニュ | | | |
| :--: | :--: | :--: | :--: | :--: | :--: | :--: |

nyu 뉴

| ニョ | ニョ | ニョ | ニョ | | | |
| :--: | :--: | :--: | :--: | :--: | :--: | :--: |

nyo 뇨

| ヒャ | ヒャ | ヒャ | ヒャ | | | |
| :--: | :--: | :--: | :--: | :--: | :--: | :--: |

hya 햐

| ヒュ | ヒュ | ヒュ | ヒュ | | | |
| :--: | :--: | :--: | :--: | :--: | :--: | :--: |

hyu 휴

| ヒョ | ヒョ | ヒョ | ヒョ | | | |
| :--: | :--: | :--: | :--: | :--: | :--: | :--: |

hyo 효

| ビャ | ビャ | ビャ | ビャ | | | |
| :--: | :--: | :--: | :--: | :--: | :--: | :--: |

bya 뱌

| ビュ | ビュ | ビュ | ビュ | | | |
| :--: | :--: | :--: | :--: | :--: | :--: | :--: |

byu 뷰

| ビョ | ビョ | ビョ | ビョ | | | |
| :--: | :--: | :--: | :--: | :--: | :--: | :--: |

byo 뵤

| ピャ | | | | | |
|---|---|---|---|---|---|
pya 퍄

| ピュ | | | | | |
|---|---|---|---|---|---|
pyu 퓨

| ピョ | | | | | |
|---|---|---|---|---|---|
pyo 표

| ミャ | | | | | |
|---|---|---|---|---|---|
mya 먀

| ミュ | | | | | |
|---|---|---|---|---|---|
myu 뮤

| ミョ | | | | | |
|---|---|---|---|---|---|
myo 묘

| リャ | | | | | |
|---|---|---|---|---|---|
rya 랴

| リュ | | | | | |
|---|---|---|---|---|---|
ryu 류

| リョ | | | | | |
|---|---|---|---|---|---|
ryo 료

# Day 04~19
# 필수 한자 외우기

**Day 04** わたしは パク・ミエです.
저는 박미애입니다.

**Day 05** ねこの えさは ありませんか.
고양이 사료는 없습니까?

**Day 06** ぼくの ゆめは サッカー せんしゅでした.
제 꿈은 축구 선수였습니다.

**Day 07** かばん うりばは 4かいです.
가방 매장은 4층입니다.

**Day 08** 誕生日は 4月24日です.
생일은 4월 24일입니다.

**Day 09** あまり おいしく ありません.
별로 맛이 없습니다.

**Day 10** あゆみさんは 料理が 上手ですね.
아유미 씨는 요리를 잘하네요.

**Day 11** インターネットで ニュースを 見ます.
인터넷으로 뉴스를 봅니다.

**Day 12** 夜遅くまで レポートを 書きました.
밤늦게까지 리포트를 썼습니다.

**Day 14** 朝ごはんを 食べてから 会社に 行きます.
아침밥을 먹고 나서 회사에 갑니다.

**Day 15** 日本に 行こうと 思って います.
일본에 가려고 생각하고 있습니다.

**Day 16** 大きい 声で 読んで もらえますか.
큰 소리로 읽어 주시겠어요?

**Day 17** 中国へ 行った ことが あります.
중국에 간 적이 있습니다.

**Day 18** 車を とめても いいですか.
차를 주차해도 됩니까?

**Day 19** 会社に 行かなければ ならないです.
회사에 가야 합니다.

# わたしは パク・ミエです。

저는 박미애입니다.

🎧 MP3 0-3-04

| 私 <br> わたし <br> 나, 저 | 私 | 私 | | | |
|---|---|---|---|---|---|
| 本 <br> ほん <br> 책 | 本 | 本 | | | |
| 先生 <br> せん せい <br> 선생님 | 先生 | 先生 | | | |
| 学生 <br> がく せい <br> 학생 | 学生 | 学生 | | | |
| 友達 <br> とも だち <br> 친구 | 友達 | 友達 | | | |
| 韓国 <br> かん こく <br> 한국 | 韓国 | 韓国 | | | |
| 招待 <br> しょう たい <br> 초대 | 招待 | 招待 | | | |

## ねこの えさは ありませんか。

고양이 사료는 없습니까?

🎧 MP3 0-3-05

| 家 うち 집 | 家 | 家 | | | |
|---|---|---|---|---|---|

| 犬 いぬ 개 | 犬 | 犬 | | | |
|---|---|---|---|---|---|

| 猫 ねこ 고양이 | 猫 | 猫 | | | |
|---|---|---|---|---|---|

| 妹 いもうと 여동생 | 妹 | 妹 | | | |
|---|---|---|---|---|---|

| 弟 おとうと 남동생 | 弟 | 弟 | | | |
|---|---|---|---|---|---|

| 公園 こうえん 공원 | 公園 | 公園 | | | |
|---|---|---|---|---|---|

| 教室 きょうしつ 교실 | 教室 | 教室 | | | |
|---|---|---|---|---|---|

🎧 MP3 0-3-06

| 僕<br>ぼく<br>나, 저(남자) | 僕 | 僕 | | | |
|---|---|---|---|---|---|
| 夢<br>ゆめ<br>꿈 | 夢 | 夢 | | | |
| 去年<br>きょねん<br>작년 | 去年 | 去年 | | | |
| 今年<br>ことし<br>올해, 금년 | 今年 | 今年 | | | |
| 事故<br>じこ<br>사고 | 事故 | 事故 | | | |
| 選手<br>せんしゅ<br>선수 | 選手 | 選手 | | | |
| 結婚<br>けっこん<br>결혼 | 結婚 | 結婚 | | | |

# かばん うりばは 4かいです。

가방 매장은 4층입니다.

🎧 MP3 0-3-07

| | | | | | |
|---|---|---|---|---|---|
| 営業<br>えいぎょう<br>영업 | 営業 | 営業 | | | |
| 時間<br>じかん<br>시간 | 時間 | 時間 | | | |
| 何時<br>なんじ<br>몇 시 | 何時 | 何時 | | | |
| 何階<br>なんがい<br>몇 층 | 何階 | 何階 | | | |
| 休み<br>やす<br>휴일, 휴가 | 休み | 休み | | | |
| 売り場<br>うば<br>매장, 파는 곳 | 売り場 | 売り場 | | | |
| 月曜日<br>げつようび<br>월요일 | 月曜日 | 月曜日 | | | |

# 誕生日は 4月24日です。

생일은 4월 24일입니다.

🎧 MP3 0-3-08

| | | | | |
|---|---|---|---|---|
| **彼女**<br>かの じょ<br>그녀, 여자 친구 | 彼女 | 彼女 | | |
| **来週**<br>らい しゅう<br>다음 주 | 来週 | 来週 | | |
| **午前**<br>ご ぜん<br>오전 | 午前 | 午前 | | |
| **午後**<br>ご ご<br>오후 | 午後 | 午後 | | |
| **番号**<br>ばん ごう<br>번호 | 番号 | 番号 | | |
| **連絡**<br>れん らく<br>연락 | 連絡 | 連絡 | | |
| **誕生日**<br>たん じょう び<br>생일 | 誕生日 | 誕生日 | | |

## あまり おいしく ありません。
별로 맛이 없습니다.

🎧 MP3 0-3-09

| 昼 ひる 점심, 낮 | 昼 | 昼 | | | |
|---|---|---|---|---|---|
| 日本 に ほん 일본 | 日本 | 日本 | | | |
| 旅行 りょ こう 여행 | 旅行 | 旅行 | | | |
| 東京 とう きょう 도쿄 (지명) | 東京 | 東京 | | | |
| 天気 てん き 날씨 | 天気 | 天気 | | | |
| 試験 し けん 시험 | 試験 | 試験 | | | |
| 時計 と けい 시계 | 時計 | 時計 | | | |

あゆみさんは 料理が 上手ですね。

아유미 씨는 요리를 잘하네요.

🎧 MP3 0-3-10

| りょうり 料理 요리 | 料理 | 料理 | | | |
|---|---|---|---|---|---|

| ぜん ぜん 全然 전혀 | 全然 | 全然 | | | |
|---|---|---|---|---|---|

| そう じ 掃除 청소 | 掃除 | 掃除 | | | |
|---|---|---|---|---|---|

| へ や 部屋 방 | 部屋 | 部屋 | | | |
|---|---|---|---|---|---|

| じょう ず 上手だ 잘하다, 능숙하다 | 上手だ | 上手だ | | | |
|---|---|---|---|---|---|

| へた 下手だ 잘 못하다, 서투르다 | 下手だ | 下手だ | | | |
|---|---|---|---|---|---|

| す 好きだ 좋아하다 | 好きだ | 好きだ | | | |
|---|---|---|---|---|---|

インターネットで ニュースを みます。
인터넷으로 뉴스를 봅니다.

🎧 MP3 0-3-11

| まい にち<br>毎日<br>매일 | 毎日 | 毎日 | | | |

| しん ぶん<br>新聞<br>신문 | 新聞 | 新聞 | | | |

| さい きん<br>最近<br>최근, 요즘 | 最近 | 最近 | | | |

| とき どき<br>時々<br>때때로, 가끔 | 時々 | 時々 | | | |

| えい が<br>映画<br>영화 | 映画 | 映画 | | | |

| よ<br>読む<br>읽다 | 読む | 読む | | | |

| み<br>見る<br>보다 | 見る | 見る | | | |

49

夜遅くまで レポートを 書きました。

밤늦게까지 리포트를 썼습니다.

🎧 MP3 0-3-12

| 今朝 <sub>けさ</sub><br>오늘 아침 | 今朝 | 今朝 | | | |

| 今朝 <br><small>けさ</small><br>오늘 아침 | 今朝 | 今朝 | | | |

| 遅い <br><small>おそ</small><br>늦다, 느리다 | 遅い | 遅い | | | |

| 忙しい <br><small>いそが</small><br>바쁘다 | 忙しい | 忙しい | | | |

| 飲む <br><small>の</small><br>마시다 | 飲む | 飲む | | | |

| 書く <br><small>か</small><br>쓰다 | 書く | 書く | | | |

| 寝る <br><small>ね</small><br>자다 | 寝る | 寝る | | | |

| 起きる <br><small>お</small><br>일어나다 | 起きる | 起きる | | | |

朝ごはんを 食べてから 会社に 行きます。

아침밥을 먹고 나서 회사에 갑니다.

MP3 0-3-14

| かお<br>顔<br>얼굴 | 顔 | 顔 | | | |
|---|---|---|---|---|---|

| し ごと<br>仕事<br>일, 업무 | 仕事 | 仕事 | | | |
|---|---|---|---|---|---|

| ぎん こう<br>銀行<br>은행 | 銀行 | 銀行 | | | |
|---|---|---|---|---|---|

| かい しゃ<br>会社<br>회사 | 会社 | 会社 | | | |
|---|---|---|---|---|---|

| た<br>食べる<br>먹다 | 食べる | 食べる | | | |
|---|---|---|---|---|---|

| つと<br>勤める<br>근무하다 | 勤める | 勤める | | | |
|---|---|---|---|---|---|

| お<br>終わる<br>끝나다 | 終わる | 終わる | | | |
|---|---|---|---|---|---|

# 日本に 行こうと 思って います。

일본에 가려고 생각하고 있습니다.

🎧 MP3 0-3-15

| よ やく<br>予約<br>예약 | 予約 | 予約 | | | |
|---|---|---|---|---|---|

| じゅん び<br>準備<br>준비 | 準備 | 準備 | | | |
|---|---|---|---|---|---|

| きょう と<br>京都<br>교토 (지명) | 京都 | 京都 | | | |
|---|---|---|---|---|---|

| おお さか<br>大阪<br>오사카 (지명) | 大阪 | 大阪 | | | |
|---|---|---|---|---|---|

| ひ こう き<br>飛行機<br>비행기 | 飛行機 | 飛行機 | | | |
|---|---|---|---|---|---|

| い<br>行く<br>가다 | 行く | 行く | | | |
|---|---|---|---|---|---|

| おも<br>思う<br>생각하다 | 思う | 思う | | | |
|---|---|---|---|---|---|

# 大きい 声で 読んで もらえますか。

큰 소리로 읽어 주시겠어요?

🎧 MP3 0-3-16

| かみ<br>紙<br>종이 | 紙 | 紙 | | | |
|---|---|---|---|---|---|
| こえ<br>声<br>소리 | 声 | 声 | | | |
| な まえ<br>名前<br>이름 | 名前 | 名前 | | | |
| いち ど<br>一度<br>한 번 | 一度 | 一度 | | | |
| びょう いん<br>病院<br>병원 | 病院 | 病院 | | | |
| はじ<br>始める<br>시작하다 | 始める | 始める | | | |
| おし<br>教える<br>가르치다 | 教える | 教える | | | |

🎧 MP3 0-3-17

| 漢字 한자 | 漢字 | 漢字 | | | |
|---|---|---|---|---|---|

| 勉強 공부 | 勉強 | 勉強 | | | |

| 運転 운전 | 運転 | 運転 | | | |

| 外国 외국 | 外国 | 外国 | | | |

| 就職 취직 | 就職 | 就職 | | | |

| 写真 사진 | 写真 | 写真 | | | |

| 中国語 중국어 | 中国語 | 中国語 | | | |

# 車を とめても いいですか。

차를 주차해도 됩니까?

🎧 MP3 0-3-18

| くるま<br>**車**<br>차 | 車 | 車 | | | |
|---|---|---|---|---|---|
| ちゅうしゃ<br>**駐車**<br>주차 | 駐車 | 駐車 | | | |
| きん し<br>**禁止**<br>금지 | 禁止 | 禁止 | | | |
| ば しょ<br>**場所**<br>장소 | 場所 | 場所 | | | |
| やく そく<br>**約束**<br>약속 | 約束 | 約束 | | | |
| と<br>**止める**<br>세우다, 멈추다 | 止める | 止める | | | |
| わす<br>**忘れる**<br>잊다, 깜빡하다 | 忘れる | 忘れる | | | |

🎧 MP3 0-3-19

| こんど<br>今度<br>이번, 다음 번 | 今度 | 今度 | | | |
|---|---|---|---|---|---|

| しゅうまつ<br>週末<br>주말 | 週末 | 週末 | | | |
|---|---|---|---|---|---|

| ちこく<br>遅刻<br>지각 | 遅刻 | 遅刻 | | | |
|---|---|---|---|---|---|

| しゅくだい<br>宿題<br>숙제 | 宿題 | 宿題 | | | |
|---|---|---|---|---|---|

| か もの<br>買い物<br>물건을 삼, 쇼핑 | 買い物 | 買い物 | | | |
|---|---|---|---|---|---|

| いっしょ<br>一緒に<br>같이, 함께 | 一緒に | 一緒に | | | |
|---|---|---|---|---|---|

| たいへん<br>大変だ<br>큰일이다, 힘들다 | 大変だ | 大変だ | | | |
|---|---|---|---|---|---|

히라가나와 가타카나,
그리고 기초 한자를 쓰면서 외워 보세요.

# 일본어능력시험
# JLPT N5
# 모의고사

### 1회분

JLPT N5 모의고사 해설강의 보기

언어지식
(문자·어휘)

언어지식
(문법)·독해

청해

**넥서스 JAPANESE**

# 일본어능력시험
# JLPT N5
# 모의고사

- JLPT란?              2

- 1교시 언어지식(문자 · 어휘)     3
  언어지식(문법) · 독해     11

  2교시 청해     25

- 정답     38

- 기출어휘 100     40

- 답안지     45

모의고사 해석과 청해 음원(MP3) 및 스크립트는 넥서스 홈페이지에서 다운로드할 수 있습니다.
**www.nexusbook.com**

■ JLPT(日本語能力試驗 일본어능력시험)란?

일본 국내 및 해외에서 일본어를 모국어로 하지 않는 사람을 대상으로 일본어 능력을 객관적으로 측정하고 인정하는 것을 목적으로 하는 시험입니다. 국내에서는 대학 전공 관련 입학 및 졸업, 유학이나 취업의 자격으로 쓰이고 있습니다.

■ 시험 일정

시험은 7월과 12월, 첫째 주 일요일에 총 연 2회 실시되며, 접수는 각각 4월, 9월부터 진행됩니다.

■ 시험 레벨

시험은 N1, N2, N3, N4, N5로 나뉘어 있으며 N1이 가장 난이도가 높은 레벨입니다. 수험자가 자신에게 맞는 레벨을 선택하여 응시할 수 있습니다.

■ 출제 유형과 시간 및 득점표

| 레벨 | 유형 | 교시 | 시험 시간 | 득점 범위 | 종합 득점 |
|---|---|---|---|---|---|
| N1 | 언어 지식(문자 · 어휘 · 문법) | 1교시 | 13:30 ~ 15:20 | 0~60 | 180 |
| | 독해 | | | 0~60 | |
| | 청해 | 2교시 | 15:40 ~ 16:40 | 0~60 | |
| N2 | 언어 지식(문자 · 어휘 · 문법) | 1교시 | 13:30 ~ 15:15 | 0~60 | 180 |
| | 독해 | | | 0~60 | |
| | 청해 | 2교시 | 15:35 ~ 16:30 | 0~60 | |
| N3 | 언어 지식(문자 · 어휘) | 1교시 | 13:30 ~ 14:00 | 0~60 | 180 |
| | 언어 지식(문법) · 독해 | | 14:05 ~ 15:15 | 0~60 | |
| | 청해 | 2교시 | 15:35 ~ 16:20 | 0~60 | |
| N4 | 언어 지식(문자 · 어휘) | 1교시 | 13:30 ~ 13:55 | 0~120 | 180 |
| | 언어 지식(문법) · 독해 | | 14:00 ~ 14:55 | | |
| | 청해 | 2교시 | 15:15 ~ 15:55 | 0~60 | |
| N5 | 언어 지식(문자 · 어휘) | 1교시 | 13:30 ~ 13:50 | 0~120 | 180 |
| | 언어 지식(문법) · 독해 | | 13:55 ~ 14:35 | | |
| | 청해 | 2교시 | 14:55 ~ 15:30 | 0~60 | |

※ N5, N4, N3의 경우, 1교시에 언어지식(문자 · 어휘)과 언어지식(문법) · 독해가 연결 실시됩니다.

■ 시험 당일 필수 준비물

① 신분증(주민등록증, 여권, 운전면허증, 주민등록증 발급 신청 확인서 등), ② 수험표, ③ 필기도구(연필, 지우개)

※ 중고등학생이나 만 15세 이하 청소년, 군인, 외국인 등은 사이트에서 JLPT 신분확인증명서 양식을 발급받아 지참하도록 합니다.

※ 대학(원)생 학생증, 국가자격증, 사진 부착된 신용카드 등은 신분증으로 인정되지 않습니다.

# N5

## げんごちしき(もじ・ごい)
## (25ふん)

---

### ちゅうい
#### Notes

1. しけんが はじまるまで、この もんだいようしを あけないで ください。
   Do not open this question booklet until the test begins.

2. この もんだいようしを もって かえる ことは できません。
   Do not take this question booklet with you after the test.

3. じゅけんばんごうと なまえを したの らんに、じゅけんひょうと
   おなじように かいて ください。
   Write your examinee registration number and name clearly in each box below as written on your test voucher.

4. この もんだいようしは、ぜんぶで 7ページ あります。
   This question booklet has 7 pages.

5. もんだいには かいとうばんごうの 1 、 2 、 3 …が あります。
   かいとうは、かいとうようしに ある おなじ ばんごうの ところに
   マークして ください。
   One of the row numbers 1 , 2 , 3 … is given for each question. Mark your answer in the same row of the answer sheet.

---

| じゅけんばんごう　Examinee Registration Number | |
|---|---|

| なまえ　Name | |
|---|---|

もんだい1 ＿＿＿の ことばは ひらがなで どう かきますか。 1・2・3・4
から いちばん いい ものを ひとつ えらんで ください。

---

(れい) 去年 この まちに ひっこしました。
1 きょうとし　　2 きょうねん　　3 きょねん　4 ぎょねん

(かいとうようし)　(れい)　① ② ● ④

---

1　それは 左に あります。

1　ひたり　　　2　ひだり　　　3　みき　　　4　みぎ

2　けさ 四時に おきました。

1　よんじ　　2　しじ　　3　しちじ　　4　よじ

3　わたしは 赤い くつを もって います。

1　あおい　　2　あかい　　3　くろい　　4　しろい

4 　ともだちと　一緒に　べんきょうを　します。

　　1　いつしょう　　　2　いっしょう　　　3　いつしょ　　　4　いっしょ

5 　みかんを　六つ　たべました。

　　1　むっつ　　　　　2　やっつ　　　　　3　よっつ　　　　　4　みっつ

6 　電気を　つけて　ください。

　　1　てんき　　　　　2　でんき　　　　　3　てんぎ　　　　　4　でんぎ

7 　これは　ちちの　古い　じしょです。

　　1　ひろい　　　　　2　ひくい　　　　　3　せまい　　　　　4　ふるい

もんだい2 ＿＿＿の ことばは どう かきますか。1・2・3・4から いちばん いい ものを ひとつ えらんで ください。

---

(れい) ははが りょうりを つくって くれました。

1 苺　　　2 海　　　3 母　　　4 毎

(かいとうようし)　(れい)　① ② ● ④

---

8 　よく たくしーに のります。

1 ワクシー　　　2 クタシー　　　3 クワシー　　　4 タクシー

9 　といれは どこに ありますか。

1 イトレ　　　2 トイレ　　　3 イレト　　　4 トレル

10 　なまえを おしえて ください。

1 名前　　　2 各前　　　3 名首　　　4 各首

11 　かれは がいこくに すんで います。

1 夕国　　　2 夕田　　　3 外田　　　4 外国

12 　たのしい 夏やすみでした。

1 仕み　　　2 休み　　　3 体み　　　4 什み

もんだい3 （　　）に　なにが　はいりますか。1・2・3・4から　いちばん　いい
　　　　　ものを　ひとつ　えらんで　ください。

---

（れい）　あさ　はやく　やまに　（　　　）。

　　　　　1　うたいます　　2　のぼります　　3　およぎます　　4　はなします

　　　　　（かいとうようし）　┌─────┬───────────┐
　　　　　　　　　　　　　　　 │（れい）│ ①　●　③　④ │
　　　　　　　　　　　　　　　 └─────┴───────────┘

---

13　わたしの　しゅみは　ギターを　（　　　）　ことです。

　　　1　やく　　　　　　2　たく　　　　　　3　ひく　　　　　　4　かく

14　きょうしつに　（　　　）　いません。

　　　1　なにか　　　　　2　いつか　　　　　3　どこも　　　　　4　だれも

15　（　　　）　ものが　のみたいです。

　　　1　さむい　　　　　2　つめたい　　　　3　おおい　　　　　4　おもい

16　やまださんは　（　　　）　が　じょうずです。

　　　1　アパート　　　　2　スカート　　　　3　スクール　　　　4　スポーツ

17　いすに　（　　　）　ください。

　　　1　はしって　　　　2　あるいて　　　　3　すわって　　　　4　ひろって

18　あついから、　エアコンを（　　　）。

　　　1　はれましょう　　2　けしましょう　　3　かきましょう　　4　つけましょう

もんだい4 ＿＿＿の　ぶんと　だいたい　おなじ　いみの　ぶんが　あります。

1・2・3・4から　いちばん　いい　ものを　ひとつ　えらんで　くだ
さい。

(れい)　ゆっくり　あるいて　ください。

　　　1　もっと　あるいて　ください。

　　　2　はやく　あるかないで　ください。

　　　3　ひとりで　あるかないで　ください。

　　　4　みんなで　あるいて　ください。

(かいとうようし)　| (れい) | ① ● ③ ④ |

19　わたしは　にほんごを　ならって　います。

　　　1　わたしは　にほんごを　かいて　います。

　　　2　わたしは　にほんごを　おしえて　います。

　　　3　わたしは　にほんごを　べんきょうして　います。

　　　4　わたしは　にほんごを　しらべて　います。

20　ゆうべは　なにを　しましたか。

　　　1　きょうの　あさは　なにを　しましたか。

　　　2　きょうの　よるは　なにを　しましたか。

　　　3　きのうの　あさは　なにを　しましたか。

　　　4　きのうの　よるは　なにを　しましたか。

21 こんしゅうまつは　いい　てんきでしょう。

1 こんしゅうまつは　くもるでしょう。

2 こんしゅうまつは　さむいでしょう。

3 こんしゅうまつは　はれるでしょう。

4 こんしゅうまつは　あめが　ふるでしょう。

# N5

## 言語知識(文法) · 読解
## (50ぷん)

### 注意
### Notes

1. 試験が始まるまで、この問題用紙をあけないでください。
   Do not open this question booklet until the test begins.

2. この問題用紙を持ってかえることはできません。
   Do not take this question booklet with you after the test.

3. 受験番号となまえをしたの欄に、受験票とおなじようにかいてください。
   Write your examinee registration number and name clearly in each box below as written on your test voucher.

4. この問題用紙は、全部で13ページあります。
   This question booklet has 13 pages.

5. 問題には解答番号の　1 、 2 、 3 …があります。
   解答は、解答用紙にあるおなじ番号のところにマークしてください。
   One of the row numbers 1 , 2 , 3 … is given for each question. Mark your answer in the same row of the answer sheet.

| 受験番号　Examinee Registration Number | |
|---|---|

| なまえ　Name | |
|---|---|

もんだい1（　　　）に　何を　入れますか。1・2・3・4から　いちばん　いい
　　　　ものを　一つ　えらんで　ください。

---

（れい）　わたしは　いつも　ラジオ（　　　）聞きます。
　　　　　1　が　　　　2　に　　　　3　の　　　　4　を

（かいとうようし）　| （れい）　| ① ② ③ ●

---

1　まいあさ、家の　前（　　　）バスに　乗ります。

　　1　を　　　　　2　に　　　　　3　で　　　　　4　へ

2　これは　母（　　　）作って　くれた　料理です。

　　1　は　　　　　2　が　　　　　3　しか　　　　4　を

3　今週末、母と　父と　旅行（　　　）行く　よていです。

　　1　に　　　　　2　を　　　　　3　が　　　　　4　は

4　へやに　電気が（　　　）あります。

　　1　きえて　　　　2　きえって　　　3　けして　　　4　けしって

12

5 あぶないですから、（　　　）ください。

1 はしって　　　　2 はしらない　　　3 はしっては　　　4 はしらないで


6 スーパーで　おかしを　（　　　）買って　しまいました。

1 あまり　　　　　2 とても　　　　　3 たくさん　　　　4 ほんとう


7 エアコンを　つけて　へやが　（　　　）なりました。

1 すずしい　　　　2 すずしく　　　　3 すずしに　　　　4 すずしくて


8 おんがくを　（　　　）ながら　運動を　します。

1 聞く　　　　　　2 聞いて　　　　　3 聞き　　　　　　4 聞か


9 A「すみません、ペンを　（　　　）。」
　 B「はい、どうぞ。」

1 借りてください　　　　　　　　2 貸してください
3 借りますか　　　　　　　　　　4 貸しましょうか

もんだい2 ___★___ に 入る ものは どれですか。1・2・3・4から いちばん いい
ものを 一つ えらんで ください。

家の 近く _____ _____ ★ _____ あります。

1 おおきい 　　2 が 　　3 に 　　4 公園

(こたえかた)

1. ただしい 文を つくります。

| 家の 近く _____ _____ ★ _____ あります。 |
| --- |
| 3 に 　1 おおきい 　4 公園 　2 が |

2. ___★___ に 入る ばんごうを くろく ぬります。

(かいとうようし) | (れい) | ① ② ③ ● |

---

[10] わたしは まいばん _____ _____ ★ _____ 書きます。

1 日記 　　2 前に 　　3 寝る 　　4 を

[11] テーブルの うえ _____ _____ ★ _____ わたしのです。

1 は 　　2 に 　　3 ペン 　　4 ある

14

12　きのう、あたま ＿＿＿ ＿＿＿ ★ ＿＿＿ 休みました。

1　いたくて　　　2　しないで　　　3　何も　　　4　が

13　日本で ＿＿＿ ＿＿＿ ★ ＿＿＿ ふじ山です。

1　山　　　　　2　ゆうめいな　　3　は　　　4　いちばん

もんだい3 [14] から [17] に 何を 入れますか。ぶんしょうの いみを かんがえ
て、1・2・3・4から いちばん いい ものを 一つ えらんで くだ
さい。

先週末は がっこうの 友だちと いっしょに 海へ [14] 行きました。
週末でしたから、人が ほんとうに [15]。天気も よくて 海も きれい
でした。

わたしと 友だちは 海で [16] しゃしんを とったり しました。 [17]
近くの 店で 魚りょうりも 食べました。とても おいしかったです。

また 海へ 行きたいです。

**14**

1　あそぶ　　　　2　あそび　　　　3　あそんで　　　4　あそびに

**15**

1　多<sup>おお</sup>いでした　　　　　　　　2　多<sup>おお</sup>かったです

3　大<sup>おお</sup>きいでした　　　　　　　4　大<sup>おお</sup>きかったです

**16**

1　およいだり　　　2　およいくて　　　3　およぎまして　　4　およぎて

**17**

1　それで　　　　　2　しかし　　　　　3　それから　　　　4　でも

もんだい4　つぎの　(1)から　(2)の　ぶんしょうを　読んで、しつもんに　こたえて　ください。こたえは、1・2・3・4から　いちばん　いいものを　一つ　えらんで　ください。

（1）

---

　　わたしの　かぞくは　犬を　いっぴき　飼って　います。名前は　ココです。

　　ココは　白くて　ちいさい　犬です。とても　かわいいです。

　　ココは　さんぽが　だいすきだから、まいにち　家の　近くの　こうえんで　1時間ずつ　さんぽを　します。

---

18　ココは　どんな　犬ですか。

1　大きい　犬です。

2　食べものが　だいすきな　犬です。

3　黒くて　かわいい　犬です。

4　さんぽが　すきな　犬です。

（2）

> わたしは　山下しんいちろうです。わたしは　4人家族です。りょうしん
> と　姉が　います。
>
> 　姉は　くうこうで　働いて　います。母は　びょういんに　つとめて　い
> ます。そして、父は　中学校で　えいごを　教えて　います。

19　山下さんの　おとうさんの　しごとは　何ですか。

　1　かんごし

　2　いしゃ

　3　せんせい

　4　かいしゃいん

もんだい5　つぎの　ぶんしょうを　読んで、しつもんに　こたえて　ください。
　　　　こたえは、1・2・3・4から　いちばん　いい　ものを　一つ
　　　　えらんで　ください。

---

　　せんしゅうの　土よう日は　エミちゃんの　誕生日でした。

　　それで、金よう日の　午後　5時に　クラスの　みんなと　エミちゃんの
プレゼントを　買いに　デパートへ　行きました。でも、デパートには　エ
ミちゃんが　好きそうな　ものが　ありませんでした。それで、デパートの
近くに　ある　本屋へ　行きました。本屋で　エミちゃんが　好きそうな
しょうせつを　買いました。

　　誕生日パーティーで　金よう日に　買った　しょうせつと　てがみを　あ
げました。エミちゃんは　わたしたちが　書いた　てがみを　読んで、感動
して　泣きました。

　　そのあと、みんなで　おいしい　ケーキを　食べたり、おもしろい　ゲーム
を　しながら　たくさん　笑ったり　しました。

20 金よう日の　午後、クラスの　みんなで　何を　しましたか。

1　プレゼントを　買いに　行きました。

2　てがみを　書きました。

3　しょうせつを　読みました。

4　誕生日パーティーへ　行きました。


21 エミちゃんの　誕生日パーティーは　どうでしたか。

1　悲しかったです。

2　忙しかったです。

3　楽しかったです。

4　こわかったです。

もんだい6　右の　ページの　ひょうは、「7月の　日本語　レッスン」の　スケジュールです。つぎの　ぶんしょうを　読んで、下の　しつもんに　こたえて　ください。こたえは、　1・2・3・4から　いちばん　いい　ものを　一つ　えらんで　ください。

22　カイさんは　どの　じゅぎょうを　受けますか。

1　①　　　　　2　②　　　　　3　④　　　　　4　⑥

## ～7月の　日本語　レッスン～

| | ないよう | ようび | 時間 |
|---|---|---|---|
| ① | ひらがなを　学ぶ | 月・水・金 | 19:30～20:20 |
| ② | ひらがなを　学ぶ | 土・日 | 11:30～12:20 |
| ③ | 漢字と　カタカナを　学ぶ | 火・木・金 | 19:30～20:20 |
| ④ | 漢字と　カタカナを　学ぶ | 土・日 | 14:30～15:20 |
| ⑤ | 簡単な　ぶんぽうを　学ぶ | 月・木 | 19:30～20:20 |
| ⑥ | ドラマで　使う　日本語を　学ぶ | 火・金 | 19:30～20:20 |

　カイさんは　日本の　文化に　きょうみが　あります。それで、7月からは　日本語の　勉強を　はじめたいと　思って　います。日本語を　習って　日本の　ドラマも　じゆうに　見たいです。でも、今は　ひらがなも　分からないから、まずひらがなの　勉強を　しなければ　なりません。

　へいじつは　夜7時から　9時まで　アルバイトが　ありますが、しゅうまつはひまです。

# N5

ちょうかい
# 聴解

ぷん
# (30分)

청해 음원 듣기

---

ちゅうい
## 注 意
### Notes

1. 試験が始まるまで、この問題用紙を開けないでください。
   しけん はじ           もんだいようし あ
   Do not open this question booklet until the test begins.

2. この問題用紙を持って帰ることはできません。
   もんだいようし  も  かえ
   Do not take this question booklet with you after the test.

3. 受験番号と名前を下の欄に、受験票と同じように書いてください。
   じゅけんばんごう  なまえ した らん   じゅけんひょう おな   か
   Write your examinee registration number and name clearly in each box below as written on your test voucher.

4. この問題用紙は、全部で13ページあります。
   もんだいようし   ぜんぶ
   This question booklet has 13 pages.

5. この問題用紙にメモをとってもいいです。
   もんだいようし
   You may make notes in this question booklet.

---

| じゅけんばんごう<br>受験番号　Examinee Registration Number | |
|---|---|

| なまえ　Name | |
|---|---|

# もんだい1

　もんだい1では、はじめに　しつもんを　きいて　ください。それから　はなしを　きいて、もんだいようしの　1から4の　なかから、いちばん　いい　ものをひとつ　えらんで　ください。

## 1ばん

# 2ばん

# 3ばん

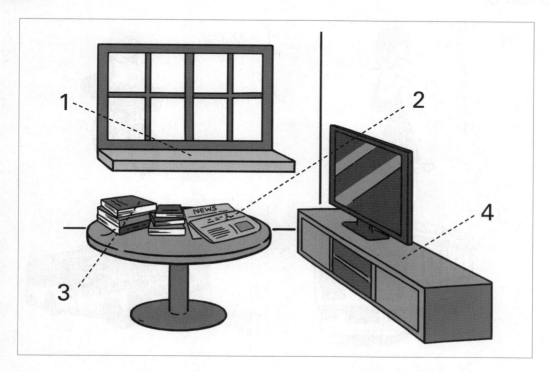

## 4ばん

| 1 | 2 |
|---|---|
|  |  |
| 3 | 4 |
|  |  |

## 5ばん

| 1 | 2 |
|---|---|
|  |  |
| 3 | 4 |
|  | 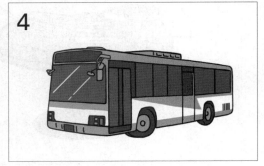 |

## 6ばん

## 7ばん

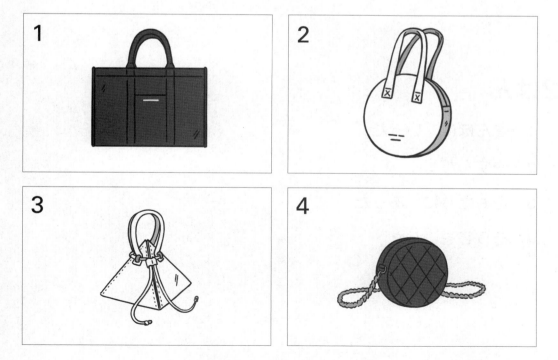

# もんだい2

　もんだい2では、はじめに　しつもんを　きいて　ください。それから　はなしを
きいて、もんだいようしの　1から4の　なかから、いちばん　いい　ものを　ひと
つ　えらんで　ください。

## 1ばん

1　アルバイトに　いく
2　えいがを　みる
3　およぐ
4　いえに　かえる

## 2ばん

1　さんぽに　いった
2　やすんだ
3　ともだちに　あった
4　そうじを　した

## 3ばん

1 えいご

2 えいごと　すうがく

3 すうがく

4 にほんご

## 4ばん

1 4じかん

2 5じかん

3 6じかん

4 10じかん

## 5ばん

1 としょかん

2 えき

3 がっこう

4 スーパー

## 6ばん

1 11時

2 11時　30分

3 12時

4 12時　30分

# もんだい3

　もんだい3では、えを　みながら　しつもんを　きいて　ください。➡(やじるし)
の　ひとは　なんと　いいますか。1から3の　なかから、いちばん　いい　ものを
ひとつ　えらんで　ください。

## 1ばん

## 2ばん

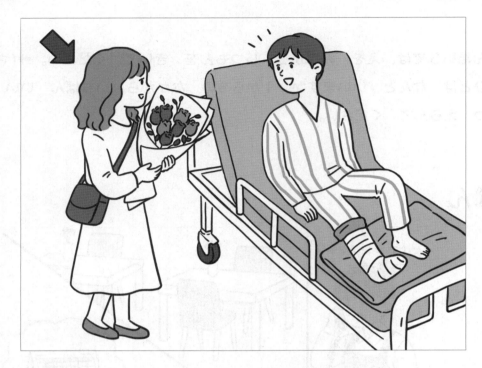

## 3ばん

## 4ばん

## 5ばん

# もんだい4

　もんだい4は、えなどが　ありません。ぶんを　きいて、1から3の　なか
から、いちばん　いい　ものを　ひとつ　えらんで　ください。

― メモ ―

おつかれさまでした。

# JLPT N5 모의고사 정답

● 언어지식(문자·어휘)

| もんだい1<br>한자읽기 | 1 | 2 | 3 | 4 | 5 | 6 | 7 |
|---|---|---|---|---|---|---|---|
| | 2 | 4 | 2 | 4 | 1 | 2 | 4 |

| もんだい2<br>표기 | 8 | 9 | 10 | 11 | 12 |
|---|---|---|---|---|---|
| | 4 | 2 | 1 | 4 | 2 |

| もんだい3<br>문맥규정 | 13 | 14 | 15 | 16 | 17 | 18 |
|---|---|---|---|---|---|---|
| | 3 | 4 | 2 | 4 | 3 | 4 |

| もんだい4<br>유의표현 | 19 | 20 | 21 |
|---|---|---|---|
| | 3 | 4 | 3 |

● 언어지식(문법)·독해

| もんだい1<br>문장의 문법1 | 1 | 2 | 3 | 4 | 5 | 6 | 7 | 8 | 9 |
|---|---|---|---|---|---|---|---|---|---|
| | 3 | 2 | 1 | 3 | 4 | 3 | 2 | 3 | 2 |

| もんだい2<br>문장의 문법2 | 10 | 11 | 12 | 13 |
|---|---|---|---|---|
| | 1 | 3 | 3 | 1 |

| もんだい3<br>글의 문법 | 14 | 15 | 16 | 17 |
|---|---|---|---|---|
| | 4 | 2 | 1 | 3 |

| もんだい4<br>내용이해(단문) | 18 | 19 |
|---|---|---|
| | 4 | 3 |

| もんだい5<br>내용이해(중문) | 20 | 21 |
|---|---|---|
| | 1 | 3 |

| もんだい6<br>정보검색 | 22 |
|---|---|
| | 2 |

● 청해

| もんだい1 과제이해 | 1 | 2 | 3 | 4 | 5 | 6 | 7 |
|---|---|---|---|---|---|---|---|
| | 2 | 3 | 4 | 1 | 3 | 2 | 4 |

| もんだい2 포인트이해 | 1 | 2 | 3 | 4 | 5 | 6 |
|---|---|---|---|---|---|---|
| | 3 | 2 | 1 | 2 | 2 | 3 |

| もんだい3 발화표현 | 1 | 2 | 3 | 4 | 5 |
|---|---|---|---|---|---|
| | 3 | 2 | 3 | 1 | 2 |

| もんだい4 즉시응답 | 1 | 2 | 3 | 4 | 5 | 6 |
|---|---|---|---|---|---|---|
| | 3 | 3 | 2 | 1 | 3 | 2 |

## 기출어휘 100

| No. | 어휘 | 발음 | 뜻 | 쓰고 암기하기 |
|---|---|---|---|---|
| 1 | 会う | あう | 동 만나다 | 会う |
| 2 | 開ける | あける | 동 열다 | |
| 3 | アルバイト | | 명 아르바이트 | |
| 4 | 勉強 | べんきょう | 명 공부 | |
| 5 | 青い | あおい | 형 파랗다 | |
| 6 | 赤い | あかい | 형 빨갛다 | |
| 7 | 黒い | くろい | 형 까맣다 | |
| 8 | 白い | しろい | 형 하얗다 | |
| 9 | 朝 | あさ | 명 아침 | |
| 10 | 昼 | ひる | 명 낮, 점심 | |
| 11 | 夜 | よる | 명 밤 | |
| 12 | 友だち | ともだち | 명 친구 | |
| 13 | 一緒に | いっしょに | 부 함께, 같이 | |
| 14 | 遊ぶ | あそぶ | 동 놀다 | |
| 15 | 熱い | あつい | 형 뜨겁다 | |
| 16 | 冷たい | つめたい | 형 차갑다 | |
| 17 | 危ない | あぶない | 형 위험하다 | |
| 18 | 歩く | あるく | 동 걷다 | |
| 19 | 走る | はしる | 동 달리다, 뛰다 | |
| 20 | 散歩 | さんぽ | 명 산책 | |

40

| No. | 어휘 | 발음 | 뜻 | 쓰고 암기하기 |
|---|---|---|---|---|
| 21 | 家 | いえ | 명 집 | 家 |
| 22 | 部屋 | へや | 명 방 | |
| 23 | トイレ | | 명 화장실 | |
| 24 | 引っ越す | ひっこす | 동 이사하다 | |
| 25 | 駅 | えき | 명 역 | |
| 26 | 店 | みせ | 명 가게 | |
| 27 | 学校 | がっこう | 명 학교 | |
| 28 | 本屋 | ほんや | 명 서점 | |
| 29 | 銀行 | ぎんこう | 명 은행 | |
| 30 | 公園 | こうえん | 명 공원 | |
| 31 | 近く | ちかく | 명 근처 | |
| 32 | 住む | すむ | 동 살다 | |
| 33 | コンビニ | | 명 편의점 | |
| 34 | スーパー | | 명 슈퍼마켓 | |
| 35 | デパート | | 명 백화점 | |
| 36 | 左 | ひだり | 명 왼쪽 | |
| 37 | 右 | みぎ | 명 오른쪽 | |
| 38 | 休み | やすみ | 명 휴가, 방학 | |
| 39 | 旅行 | りょこう | 명 여행 | |
| 40 | 行く | いく | 동 가다 | |

| No. | 어휘 | 발음 | 뜻 | 쓰고 암기하기 |
|---|---|---|---|---|
| 41 | 痛い | いたい | 형 아프다 | 痛い |
| 42 | 病院 | びょういん | 명 병원 | |
| 43 | 海 | うみ | 명 바다 | |
| 44 | 山 | やま | 명 산 | |
| 45 | 泳ぐ | およぐ | 동 헤엄치다 | |
| 46 | エアコン | | 명 에어컨 | |
| 47 | 電気 | でんき | 명 전기, 불 | |
| 48 | つける | | 동 켜다 | |
| 49 | 消す | けす | 동 끄다 | |
| 50 | 映画 | えいが | 명 영화 | |
| 51 | 見る | みる | 동 보다 | |
| 52 | 名前 | なまえ | 명 이름 | |
| 53 | 英語 | えいご | 명 영어 | |
| 54 | 習う | ならう | 동 배우다 | |
| 55 | 教える | おしえる | 동 가르치다 | |
| 56 | 読む | よむ | 동 읽다 | |
| 57 | 手紙 | てがみ | 명 편지 | |
| 58 | 多い | おおい | 형 많다 | |
| 59 | 大きい | おおきい | 형 크다 | |
| 60 | 小さい | ちいさい | 형 작다 | |

| No. | 어휘 | 발음 | 뜻 | 쓰고 암기하기 |
|---|---|---|---|---|
| 61 | 起きる | おきる | 동 일어나다 | 起きる |
| 62 | 寝る | ねる | 동 자다 | |
| 63 | 楽しい | たのしい | 형 즐겁다 | |
| 64 | 好きだ | すきだ | 형 좋아하다 | |
| 65 | 置く | おく | 동 두다, 놓다 | |
| 66 | 書く | かく | 동 쓰다 | |
| 67 | 貸す | かす | 동 빌려주다 | |
| 68 | 借りる | かりる | 동 빌리다 | |
| 69 | かばん | | 명 가방 | |
| 70 | 買う | かう | 동 사다 | |
| 71 | かわいい | | 형 귀엽다 | |
| 72 | きれいだ | | 형 깨끗하다, 예쁘다 | |
| 73 | 上手だ | じょうずだ | 형 잘하다 | |
| 74 | 暑い | あつい | 형 덥다 | |
| 75 | 寒い | さむい | 형 춥다 | |
| 76 | 涼しい | すずしい | 형 시원하다 | |
| 77 | 趣味 | しゅみ | 명 취미 | |
| 78 | 写真 | しゃしん | 명 사진 | |
| 79 | 撮る | とる | 동 (사진) 찍다 | |
| 80 | 先生 | せんせい | 명 선생님 | |

| No. | 어휘 | 발음 | 뜻 | 쓰고 암기하기 |
|---|---|---|---|---|
| 81 | 座る | すわる | 동 앉다 | 座る |
| 82 | 立つ | たつ | 동 서다 | |
| 83 | 広い | ひろい | 형 넓다 | |
| 84 | 狭い | せまい | 형 좁다 | |
| 85 | 電車 | でんしゃ | 명 전철 | |
| 86 | タクシー | | 명 택시 | |
| 87 | バス | | 명 버스 | |
| 88 | 自転車 | じてんしゃ | 명 자전거 | |
| 89 | 乗る | のる | 동 타다 | |
| 90 | 誕生日 | たんじょうび | 명 생일 | |
| 91 | プレゼント | | 명 선물 | |
| 92 | 料理 | りょうり | 명 요리 | |
| 93 | 作る | つくる | 동 만들다 | |
| 94 | おいしい | | 형 맛있다 | |
| 95 | 食べる | たべる | 동 먹다 | |
| 96 | 飲む | のむ | 동 마시다 | |
| 97 | 天気 | てんき | 명 날씨 | |
| 98 | 晴れる | はれる | 동 맑다, 개다 | |
| 99 | 雨 | あめ | 명 비 | |
| 100 | 降る | ふる | 동 내리다 | |

にほんごのうりょくしけん かいとうようし

# N5 げんごちしき (もじ・ごい)

じゅけんばんごう
受験番号
Examinee
Registration Number

なまえ
Name

<ちゅうい Notes>

1. くろいえんぴつ (HB、No.2) でかいてください。
   Use a black medium soft (HB or No.2) pencil.
   (ペンやボールペンではかかないでください。)
   (Do not use any kind of pen.)
2. かきなおすときは、けしゴムできれいにけして
   ください。
   Erase any unintended marks completely.
3. きたなくしたり、おったりしないでください。
   Do not soil or bend this sheet.
4. マークれい Marking Examples

| よいれい<br>Correct<br>Example | わるいれい<br>Incorrect Examples |
|---|---|
| ● | ⊘ ◯ ⊕ ◍ ◐ ⊖ |

## もんだい 1

| | | | | |
|---|---|---|---|---|
| 1 | ① | ② | ③ | ④ |
| 2 | ① | ② | ③ | ④ |
| 3 | ① | ② | ③ | ④ |
| 4 | ① | ② | ③ | ④ |
| 5 | ① | ② | ③ | ④ |
| 6 | ① | ② | ③ | ④ |
| 7 | ① | ② | ③ | ④ |

## もんだい 2

| | | | | |
|---|---|---|---|---|
| 8 | ① | ② | ③ | ④ |
| 9 | ① | ② | ③ | ④ |
| 10 | ① | ② | ③ | ④ |
| 11 | ① | ② | ③ | ④ |
| 12 | ① | ② | ③ | ④ |

## もんだい 3

| | | | | |
|---|---|---|---|---|
| 13 | ① | ② | ③ | ④ |
| 14 | ① | ② | ③ | ④ |
| 16 | ① | ② | ③ | ④ |
| 17 | ① | ② | ③ | ④ |
| 18 | ① | ② | ③ | ④ |

## もんだい 4

| | | | | |
|---|---|---|---|---|
| 19 | ① | ② | ③ | ④ |
| 20 | ① | ② | ③ | ④ |
| 21 | ① | ② | ③ | ④ |

にほんごのうりょくしけん かいとうようし

# N5 げんごちしき (ぶんぽう)・どっかい

じゅけんばんごう
受験番号
Examinee
Registration Number

なまえ
Name

〈ちゅうい Notes〉
1. 〈ろいえんぴつ (HB、No.2) でかいてください。
   (ペンやボールペンではかかないでください。)
   (Do not use any kind of pen.)
   Use a black medium soft (HB or No.2) pencil.
2. かきなおすときは、けしゴムできれいにけして
   ください。
   Erase any unintended marks completely.
3. きたなくしたり、おったりしないでください。
   Do not soil or bend this sheet.
4. マークれい Marking Examples

よいれい
Correct
Example
● 

わるいれい
Incorrect Examples
⊗ ◯ ◑ ◐ ◍ ●

## もんだい1

| | | | | |
|---|---|---|---|---|
| 1 | ① | ② | ③ | ④ |
| 2 | ① | ② | ③ | ④ |
| 3 | ① | ② | ③ | ④ |
| 4 | ① | ② | ③ | ④ |
| 5 | ① | ② | ③ | ④ |
| 6 | ① | ② | ③ | ④ |
| 7 | ① | ② | ③ | ④ |
| 8 | ① | ② | ③ | ④ |
| 9 | ① | ② | ③ | ④ |

## もんだい2

| | | | | |
|---|---|---|---|---|
| 10 | ① | ② | ③ | ④ |
| 11 | ① | ② | ③ | ④ |
| 12 | ① | ② | ③ | ④ |
| 13 | ① | ② | ③ | ④ |

## もんだい3

| | | | | |
|---|---|---|---|---|
| 14 | ① | ② | ③ | ④ |
| 15 | ① | ② | ③ | ④ |
| 16 | ① | ② | ③ | ④ |
| 17 | ① | ② | ③ | ④ |

## もんだい4

| | | | | |
|---|---|---|---|---|
| 18 | ① | ② | ③ | ④ |
| 19 | ① | ② | ③ | ④ |

## もんだい5

| | | | | |
|---|---|---|---|---|
| 20 | ① | ② | ③ | ④ |
| 21 | ① | ② | ③ | ④ |

## もんだい6

| | | | | |
|---|---|---|---|---|
| 22 | ① | ② | ③ | ④ |

# にほんごのうりょくしけん かいとうようし

# N5 ちょうかい

じゅけんばんごう
受験番号
Examinee
Registration Number

なまえ
Name

<ちゅうい Notes>
1. くろいえんぴつ (HB、No2) でかいてください。
Use a black medium soft (HB or No.2) pencil.
(ペンやボールペンではかかないでください。)
(Do not use any kind of pen.)
2. かきなおすときは、けしゴムできれいにけして
ください。
Erase any unintended marks completely.
3. きたなくしたり、おったりしないでください。
Do not soil or bend this sheet.
4. マークれい Marking Examples

| よいれい<br>Correct<br>Example | わるいれい<br>Incorrect Examples |
|---|---|
| ● | ⊘ ⊖ ○ ○ ◑ ⊙ |

## もんだい 1

| | | | | |
|---|---|---|---|---|
| 1 | ① | ② | ③ | ④ |
| 2 | ① | ② | ③ | ④ |
| 3 | ① | ② | ③ | ④ |
| 4 | ① | ② | ③ | ④ |
| 5 | ① | ② | ③ | ④ |
| 6 | ① | ② | ③ | ④ |
| 7 | ① | ② | ③ | ④ |

## もんだい 2

| | | | | |
|---|---|---|---|---|
| 1 | ① | ② | ③ | ④ |
| 2 | ① | ② | ③ | ④ |
| 3 | ① | ② | ③ | ④ |
| 4 | ① | ② | ③ | ④ |
| 5 | ① | ② | ③ | ④ |
| 6 | ① | ② | ③ | ④ |

## もんだい 3

| | | | | |
|---|---|---|---|---|
| 1 | ① | ② | ③ | ④ |
| 2 | ① | ② | ③ | ④ |
| 3 | ① | ② | ③ | ④ |
| 4 | ① | ② | ③ | ④ |
| 5 | ① | ② | ③ | ④ |

## もんだい 4

| | | | | |
|---|---|---|---|---|
| 1 | ① | ② | ③ | ④ |
| 2 | ① | ② | ③ | ④ |
| 3 | ① | ② | ③ | ④ |
| 4 | ① | ② | ③ | ④ |
| 5 | ① | ② | ③ | ④ |
| 6 | ① | ② | ③ | ④ |

독학 20일 기초 완성,
이제 일본어 능력시험도 문제 없다!